떠나는 마귀
돕는 천사

권영서 지음

진리의빛

영적전쟁을 돕는 기도지침서

떠나는 마귀
돕는 천사

초판 1쇄 발행   2014년 2월 20일
개정판 1쇄 발행   2015년 11월 25일

글 쓴 이 ┊ 권영서
발 행 인 ┊ 심혜련
책임편집 ┊ 황원희
디 자 인 ┊ 유성도
펴 낸 곳 ┊ 진리의빛 출판사
등   록 ┊ 2015년 4월 28일 제 2015-10호
주   소 ┊ 서울특별시 도봉구 마들로 551, 102동 1604호
전   화 ┊ 070-4147-5252
팩   스 ┊ (02) 990-5488
이 메 일 ┊ thelightoftruth@naver.com

책값은 뒤표지에 있습니다.
ISBN 979-11-9564-670-8

독자의 의견을 기다립니다.
이메일: thelightoftruth@naver.com

이에 마귀는 예수를 떠나고
천사들이 나아와 수종드니라
(마 4:11)

기독교가 한국에 들어온 지 어언 130여 년이 되었다. 1907년 성령부흥운동으로 한국 기독교는 급속히 성장했다. 기독교인들은 3.1독립만세운동에서도 나라의 독립을 위해 앞장서서 투쟁했다. 뿐만 아니라 우리나라가 한국전쟁을 치르는 동안에도 부산에서 주의 종들과 성도들이 나라를 지키기 위해 눈물 뿌려 기도했는데, 이것이 전쟁을 승리로 이끌게 한 동인이 되었다.

1970~1980년대에는 산에서 들에서 주의 종들과 성도들이 엎드려 기도하는 소리가 하늘을 찔렀고, 하나님이 이들의 기도를 들으셔서 오늘날 한국에 1,200만 명의 성도를 주셨다. 이것은 세계 기독교 역사상 유례가 없는 하나님이 주신 축복이다.

그러나 21세기에 들어서자 상황이 달라졌다. 안타깝게도 기독교의 성장이 멈춘 것이다. 주일학교의 어린이들과 청소년들의 수가 줄고 있으며, 청년부는 더욱 심각하게 줄어들고 있다.

하나님의 은총으로 한국은 폐허에서 60여 년 만에 세계 경제 10대 강국으로 성장했다. 기독교인들은 경제가 어려울 때는 하나님께 기도했다. 그러나 경제가 성장해 등이 따뜻해지고 배가 부르자 이제는 들에서나 산에서나 기도하는 소리가 들리지 않는다. 이렇게 한국 교회의 기도가 약해지자 성도들에게서 감사와 기쁨도 사라졌다. 감사가 원망과 불평으로 변했다. 기쁨이 슬픔과 좌절로 변했다. 기도가 없는 개인이나 가정이나 사회는 사탄이 활개 치는 운동장이 된다. 오늘날 한국 교회가 사회로부터 비난과 공격을 받는 이유는 바로 기도가 약해졌기 때문이다.

중세에 로마 가톨릭 교회가 성도들에게 성경을 읽지 못하게 해 성도들을 신앙의 장님으로 만들었을 때, 영국의 옥스퍼드 대학 교수였던 존 위클리프(John Wycliffe, 1329~1384)가 라틴어 성경을 1380년부터 1382년까지 영어로 완역했다. 그 후 윌리엄 틴들(William Tyndale, 1490~1536)이 1516년에 많은 부가 설명과 주역을 달아 히브리어 구약성경을 영어로, 또 헬라어 신약성경을 영어로 번역해 진일보한 영어성경을 출판했다.

하나님은 16세기에 영국의 정치적인 환경을 통해 영국 왕

헨리 8세(Henry Ⅷ, 1509~1547)를 사용하셔서 영국 성공회(Anglican Communion)를 설립하게 하시고, 영국 교회를 부흥케 하시는 동시에, 영국을 해가 지지 않는 경제 부국으로 축복하셨다. 이로 인해 영국은 경제력을 바탕으로, 세계 3개 대륙에 훌륭한 선교사들을 파송하는 선교의 나라가 되었다.

선교사의 아버지라 불리는 윌리엄 캐리(William Carey, 1761~1834)는 라틴어, 희랍어, 프랑스어 등을 공부하고, 1793년에 인도 벵골에 선교사로 파송됐는데, 벵골에 도착했을 때 홍수가 나 가지고 갔던 모든 것을 잃어버렸다. 그는 소금 공장에서 일하며 자급자족으로 선교했는데, 5년 후 신약성경을 벵골어로 번역하고 1801년에는 성경 전체를 완역하여 출판했다.

또 데이비드 리빙스턴(David Livingstone, 1813~1873)은 독학으로 의사 자격증을 취득하고, 1841년 남아프리카 크루만을 선교지로 정해 아프리카 동부해안과 서부해안을 누비며 선교한 후, 『선교 여행』(Missionary Travels)을 출판해 아프리카 선교를 세계에 알렸다.

또 허드슨 테일러(James Hudson Taylor, 1832~1905)는 1854년에 중국에 도착해 중국인들과 함께 생활하면서 '중국내지선교회(The Evangelization Society)를 조직해 중국인들에게 복음을 전하는 토대를 놓아, 오늘날 중국 인구의 7.8%가 기독교인들이 되는 데 기여했다.

그러나 세계 열방에 선교사를 파송했던 영국의 기독교는 20세기에 들어서자 급격하게 쇠퇴하기 시작했다. 오늘날의 영국 교회는 교인이 없어, 교회를 술집이나 모슬렘에게 파는 안타까운 상황이 되었다. 이렇게 된 가장 근본적인 이유는 오늘날 영국 기독교인들이 선배들의 기도하는 신앙을 이어받지 못해, 기도가 끊어졌기 때문이다.

기도가 끊긴 영국 교회는 마귀들이 뛰노는 운동장이 되었다. 오늘날 한국 교회가 영국 교회처럼 기도가 약해지고, 교회 성장이 둔화된 것은 성도들의 기도의 힘보다 마귀의 힘이 세졌다는 것을 의미한다. 대부분의 선데이 크리스천(Sunday Christian)들이 사탄에 대해 가지고 있는 지식이라고는, 막연히 그저 유혹하는 자나 고소하는 자로 아는 정도다.

나는 편안한 현실에 안주하는 주의 종들과 성도들이 사탄의 정체를 알지 못하고 있는 현실을 안타깝게 여겨 한국의 성도들에게 사탄의 계략을 알려 주고, 영적 잠에서 깨어나 승리하는 성도들이 되게 하기 위해 이렇게 졸필을 들었다.

마르틴 루터(Martin Luther)는 그리스도인들이 세상에 대해 저항해야 한다며 다음과 같이 말했다.

"만일 내가 가장 큰 목소리와 가장 분명한 설명으로 하나님의 모든 진리를 고백하면서도 그 순간에 세상과 마귀가 공격하고 있다는 바로 그 사소한 요점을 빼 버리면, 아무리 내가 그리스도를 담대하게 고백한다 해도 실은 그리스도를 고백하지 않고 있는 것과 같다. 전투가 거세질 때 군사의 충성이 입증된다. 그 순간 그가 꽁무니를 뺀다면, 다른 전장에서 성실하게 행한 모든 것이 도피요, 불명예에 지나지 않는다."

이 책을 읽는 모든 그리스도인들은 루터의 말과 같이 세상과 사탄이 공격하고 있다는 것을 알 뿐만 아니라, 다른 이들에게도 알림으로 사탄의 계략에 넘어가지 않도록 경계해 기도로 승리하는 그리스도인들이 될 수 있기를 간절히 기원한다. 이 책을 쓰도록 지혜를 주시고 40년 전에 아내에게 보여 주신 환상에서 뿌린 전도지가 바로 이 『떠나는 마귀 돕는 천사』라고 말씀하신 하나님 말씀대로 이뤄 주실 것을 믿으며 하나님께 감사와 찬송과 영광과 존귀를 올려 드린다.

또 곁에서 항상 기도로 도와준 아내에게 진심으로 감사하며 『떠나는 마귀 돕는 천사』 개정판을 출판하도록 도움을 준 송민섭 사장님께 진심으로 감사한다.

2015년 9월
권영서 목사

떠나는 마귀,
돕는 천사

part I

사탄이 성도를
공격하는 통로

거짓 그리스도들과 거짓 선지자들이 일어나

큰 표적과 기사를 보여

할 수만 있으면 택하신 자들도 미혹하리라

(마 24:24)

1. 거짓말을 통하여 성도를 공격하는 사탄

"너희는 너희 아비 마귀에게서 났으니 너희 아비의 욕심대로 너희도 행하고자 하느니라 그는 처음부터 살인한 자요 진리가 그 속에 없으므로 진리에 서지 못하고 거짓을 말할 때마다 제 것으로 말하나니 이는 그가 거짓말쟁이요 거짓의 아비가 되었음이라"(요 8:44).

'거짓말'은 어디서 왔는가?

탈무드에 다음과 같은 이야기가 있다.

옛날에 딸 셋을 둔 사나이가 있었다. 세 딸은 모두 미인이었으나 각각 결점 하나씩을 갖고 있었다. 첫째는 게으름뱅이였고, 둘째는 물건을 훔치는 도벽(盜癖)이 있었고, 셋째는 남을 험담하기 좋아하는 버릇이 있었다.

어느 날 아들 삼형제를 둔 어떤 부자가 세 딸이 있는 집에서 머물게 되었다. 부자는 주인과 이런저런 이야기를 하다가 집 주인에게 시집을 보내지 못한 세 딸이 있다는 것을 알고, 그의 세 딸을 자기 집으로 시집보내지 않겠느냐고 물었다. 주인은 자기 딸들에게는 이러이러한 결점이 있다고 말했다. 그러자 부자는 자기가 책임을 지고 그 버릇을 서서히 고쳐 나가겠으니 딸들을 자기 집으로 시집보내라고 했다.

이리하여 세 딸은 부잣집 삼형제에게 시집을 갔다. 시아버지는 게으름뱅이 첫째 며느리에게는 많은 하녀를 주고, 도벽이 있는 둘째 며느리에게는 보물 창고의 열쇠를 주어 갖고 싶은 것은 무엇이든지 가질 수 있게 했다. 험담하기를 좋아하는 셋째 며느리에게는 매일 아침마다 오늘은 누구의 험담을 할 거냐고 하루도 거르지 않고 물었다.

어느 날, 친정아버지가 딸들의 결혼생활이 궁금해 딸들을 보러 왔다. 큰딸은 마음대로 게으름을 피울 수 있어 즐겁다고 했다. 둘째 딸은 갖고 싶은 것을 마음대로 가질 수 있어 행복하다고 말했다. 그러나 셋째 딸은 시아버지가 자기에게 남녀 관계를 캐묻기 때문에 시집살이가 괴롭다고 말했다. 그러자 아버지는 셋째 딸의 말은 믿지 않았다. 왜 믿지 않았을까? 셋째 딸은 시아버지도 헐뜯고 있었기 때문이다.

이 이야기는 '거짓말'이 인간의 삶에 매우 심각한 죄임을 보여 준다. 그래서 성경은 "혀는 능히 길들일 사람이 없나니 쉬지 아니하는 악이요 죽이는 독이 가득한 것이라"(약 3:8)고 말씀한다.

뉴스에서 연일 누가 어떤 사기를 쳤다는 이야기가 보도되고 있는 것은 우리가 살고 있는 이 사회가 거짓말의 홍수를 이루고 있음을 증명해 준다.

그러면 과연 이 '거짓말'은 어디에서 왔는가? 성경은 거짓이 사탄에게서 왔다고 말씀한다. 그렇다면 사탄은 어떤 존재인가? 사탄은 하나님께 대적하는 악마다. 하나님은 우주와 만물과 인간을 창조하시어 인간을 에덴동산에 살게 하셨다. 그리고 인간에게 동산 중앙에 있는 선악과를 따먹지 말라고 명하셨다. 따먹는 날에는 반드시 죽는다고 말씀하셨다.

하루는 평화롭게 사는 하와에게 뱀이 찾아왔다. 이 뱀은 한때 하나님의 천사장으로 있던 타락한 사탄이다. 히브리어인 '사탄'은 '하나님을 대적하는 존재', '마귀'라는 의미다. 이 사탄은 '진리에 서지 못하는 거짓의 아버지며'(요 8:44), '악한 자요'(요일 3:12), '대적'(벧전 5:8)이며, '시험하는 자'(마 4:3)다. 또 '참소하는 자'(계 12:10), '옛 뱀'(계 12:9)으로 불리는 자다. 사탄이 하는 일은 하나님을 대적해 '가라지를 뿌리며', '악한 자의 아들'(마 13:38~39)의 행위를 하게 하는 것이다.

사탄이 하와에게 "하나님이 참으로 너희에게 동산 모든 나무의 열매를 먹지 말라 하시더냐"(창 3:1)라고 물었다. 이 질문에는 하와를 속이는 3가지 속임수가 들어 있다.

첫째, 창세기 3장 1절의 '참으로'란 단어다. '참으로'라는 단어는 상대방에게 대화 내용에 대한 확실성을 강조하는 물음이다. '참으로'의 또 다른 말은 '정말로'다. '참으로'와 '정말로'는 상대방에게 확실성을 강조해 묻는 물음일 뿐만 아니라, 상대방이 하는 말을 믿을 수 없다는 '의구심'(疑懼心)을 갖게 하는 단어다. 여기서 하와는 사탄의 '참으로'라는 의구심을 일으키는 말을 듣고, 하나님이 하신 말씀을 그만 혼동하게 되었다. '참으로'와 '정말로'는 이와 같이 우리의 마음에 '의구심'(擬懼心)을 가져다주는 역할을 한다.

40여 년 전에 기도의 동지들과 함께 삼각산에서 기도를 하고 새벽에 하산하는데 한 사람이 내게 물었다. "목사님, 하나님이 정말로 우리 기도를 들어주실까요?" 나는 그에게 "오직 믿음으로 구하고 조금도 의심하지 말라 의심하는 자는 마치 바람에 밀려 요동하는 바다 물결 같다"(약 1:6)라는 말씀으로 대답했다. 뱀은 하와로 하여금 '의심'을 갖게 하기 위해 '참으로'라는 말을 사용했다.

둘째, 뱀은 하나님이 "선악을 알게 하는 나무의 열매는 먹지 말라 네가 먹는 날에는 반드시 죽으리라"(창 2:17)라며, '선악과만' 먹지 말라고 하신 것을 알면서도, "하나님이 참으로 너희에게 동산 모든 나무의 열매를 먹지 말라 하시더냐?"라며 거짓말을 했다. 뱀은 의혹을 일으키는 '참으로'라는 단어를 사용해 하와를 헷갈리게 한 후, '동산 모든 나무의 열매'라는 말로 거짓말을 했다.

결국 하와는 이 간교한 뱀의 거짓말에 넘어갔다. 그래서 하나님이 하시지도 않은 "동산 중앙에 있는 나무의 열매는 하나님의 말씀에 너희는 먹지도 말고 만지지도 말라 너희가 죽을까 하노라 하셨느니라"(창 3:3)라고 답했다. 하나님이 말씀하시지 않은 '죽을까 하노라'라고 답한 것이다.

웬만한 지각이 있는 사람이면 뱀이 거짓말을 하고 있다고 생각해 뱀을 피했을 텐데, 하와는 뱀을 피하지 않고 자신을 거짓말로 공격하는 뱀 곁에서 떠날 줄을 몰랐다.

우리가 신앙생활을 할 때 주의해야 할 점이 바로 여기에 있다. "복 있는 사람은 악인들의 꾀를 따르지 아니하며 죄인들의 길에 서지 아니하며 오만한 자들의 자리에 앉지 아니하고"(시 1:1)라는 말씀과 같이 하나님의 백성은 악인들의 자리에서 떠나야 한다.

하와는 '하나님을 떠난 악과의 교제에는 파멸만이 대기하고 있다'라는 사실을 모른 채 계속해서 뱀과 교제했다. 뱀은 하와가 자기를 떠나지 않고, 거짓말까지 함으로 하와가 자신의 계략에 넘어오고 있음을 확신하게 됐다.

셋째, 뱀은 계속된 거짓말로 하와를 완전히 속였다. 뱀은 하나님이 말씀하시지도 않은 "너희가 결코 죽지 아니하리라"(창 3:4)라는 거짓말을 했다. 뱀은 하와에게 부족한 단 한 가지를 꼬투리 삼아 거짓말로 공격했다.

하나님은 창조하신 인간에게 우주 만물을 주셨다. 그런데 단 한 가지 금하신 것이 있었는데, 에덴동산 중앙에 있는 선악과는 먹지 말라고 하셨다. 사탄은 이 한 가지 부족한 것을 이용해 하와를 공격했다.

성도들이 신앙생활에서 실족하는 경우도 이와 같다. 사람은 대부분 자신에게 없는, 그 어떤 한 가지를 소유하려고 탐심을 갖는데, 이때 사탄에게 넘어가는 경우가 많다.

에덴동산이란 무엇인가? '에덴동산'은 아무것도 부족함이 없는 '행복의 동산'을 뜻하는 곳이다. 그런데 하와에게는 단 하나, 선악을 알게 하는 지혜가 없었다. 사탄은 하와에게 없는 이 '선악을 알게 하는 지혜'를 가지고 거짓말로 공격했다. "너희가 그것을 먹는 날에는 너희 눈이 밝아져 하나님과 같이 되어 선악을 알 줄 하나님이 아심이라"(창 3:5)라는 거짓말로 하와를 하나님으로부터 떼어 놓아 죄의 길로 이끌었다.

사탄은 하와에게 '너는 하나님처럼 될 거야'라는 위장된 거짓말을 했다. 이 말을 듣는 순간 하와는 무의식적으로 '왜 하나님이 내게는 선악을 알게 하는 지혜를 주시지 않았는가?'라는 반감을 가졌을 것이다. 그것은 자기가 완전한 인간이 아니라는 불만, 인간으로 머물러야 한다는 불만이다. 이처럼 사탄은 성도를 하나님께로 더 가까이하며, 또 선으로 더 가까이 인도하겠다는 거짓말로 성도에게 접근한다.

온전하고 완벽한 존재는 오직 하나님 한 분뿐이다. 그런데 인간이 완전한 하나님이 되지 못함을 억울해 하며 안달하는 것이 죄다. 하와는 이것이 죄라는 사실을 알지 못했다. 사탄은 이렇게 하와를 죄의 길로 이끌어 갔다.

사탄의 '너희 눈이 밝아'란 말 속에는 사물을 보는 눈을 통해 하와를 미혹하려는 계략이 숨어 있다. 사람의 눈은 사물을 분별하는 기능도 있지만, 자신이 본 사물을 소유하고 싶은 욕망이 생기게 하는 기능도 있다. 하나님이 인간에게 '생각'이라는 선물을 주셨기 때문이다. 그래서 인간은 사물을 보면 그것을 소유하고픈 욕심이 생긴다. 견물생심(見物生心)이다.

"이는 세상에 있는 모든 것이 육신의 정욕과 안목의 정욕과 이생의 자랑이니 다 아버지께로부터 온 것이 아니요 세상으로 온 것이라"(요일 2:16)라는 말씀처럼 사탄은 '너희 눈이 밝아'란 말로 하와를 미혹했다.

하와는 지금까지 하나님의 말씀을 생각하면서 경계하는 마음으로 선악과나무를 보았다. 그러나 사탄의 '너희가 결코 죽지 아니하고 너희 눈이 밝아져 하나님과 같이 선악을 알게 된다'라는 말이 하와의 마음속에 기록돼, 무의식적으로 하나님의 말씀과 반대되는 사고를 하게 됐다. 하와가 이 허상의 눈으로 선악과나무를 보자, 롯이 타락의 도시 소돔 성을 부러운 눈으로 바라본 것처럼(창 13:10), 하나님과 같이 눈이 밝아져 선악을 아는 자가 되고자 하는 탐욕과 욕망이 생겼다.

"또 간음하지 말라 하였다는 것을 너희가 들었으나 나는 너희에게 이르노니 음욕을 품고 여자를 보는 자마다 마음에 이미 간음하였음이라"(마 5:27~28)는 말씀처럼 이미 하와에게는 하나님과 같이 눈이 밝아져 선악을 보는 눈을 갖고자 하는 탐심과 욕망이 들어와 그녀의 마음을 사로잡았다. 그렇기 때문에 하와는 선악과나무의 열매를 따먹기 이전에 이미 하나님의 말씀을 떠난 죄인이 된 것이다.

정욕으로 오염된 하와의 눈에 비친 선악과는 '먹음직도 하고, 보암직도 하고, 지혜롭게 할 만큼 탐스럽기도 한 나무'(창 3:6)였다. 우리가 사탄의 미혹을 받을 때 꼭 알아야 할 것이 있다. 하나님의 말씀을 대충 아는 것이 아니라, 말씀을 정확하게 알고, 알고 있는 말씀으로 예수님과 같이(마 4:1~10) 사탄을 대적할 때(약 4:7), 사탄을 이길 수 있다는 사실이다.

사탄은 이렇게 인류의 시조인 아담과 하와 부부를 거짓말로 공격해 이들을 하나님께로부터 떼어 내 사탄의 종으로 만들었다.

"예수께서 대답하시되 진실로 진실로 너희에게 이르노니 죄를 범하는 자마다 죄의 종이라"(요 8:34).

'거짓말' 죄의 열매

하나님은 인간과 대화하시며 인간을 통해 하나님의 뜻을 이루시려는 계획 아래 하나님의 형상을 닮은 인간을 창조하셨다. 에덴동산의 많은 실과 중에서 중앙에 있는 선악을 알게 하는 나무의 실과를 먹지 못하게 하신 것은 하나님의 명령과 인간의 순종을 통해 하나님과 인간 사이에는 하나님의 세계가 있고, 하나님의 세계를 넘을 수 없는 인간의 세계가 있다는 것을 알게 하시려는 뜻이 있다.

사탄은 아담을 하나님의 말씀에 불순종하게 함으로써 하나님의 계획을 파괴하고 하나님께 정면으로 도전했다.

사탄이 바라는 것은 자신이 지극히 높으신 하나님과 동등

한 위치에 서는 것이다. 그러므로 사탄의 활동과 권능의 방향
은 하나님을 향해 있다. 사탄이 하나님의 형상과 하나님의 영
으로 창조된 아담을 공격했다는 것은 하나님을 공격했다는 의
미다. 하나님의 인격과 권위에 대한 반역은 사탄이 행한 모든
일의 핵심이다. 사탄은 하나님의 전반적이며 주권적인 지배에
서 절대로 벗어날 수 없는 존재다. 그러나 피조물들의 자유라
고 하는 한계 내에서 그는 전적으로 하나님의 주권적 지배를
방해한다. 이렇게 사탄은 아담과 하와에게 하나님의 말씀에 불
순종하는 죄를 심어 놓았다.

　일단 사탄의 조종으로 죄가 인간 속에 들어오면 죄는 영혼
을 죽이는 암적 독소로 작용한다. 죄가 들어오면 영의 눈이 닫
혀 영적 세계를 보지 못하고, 육신의 세상만을 보게 된다. 사탄
은 육신의 눈만 가지고 있는 인간의 마음에 의심, 근심, 걱정,
불안, 두려움 등을 심어 인간을 공격하고 조종한다.

　이 의심, 근심, 걱정, 불안, 두려움 등은 우리의 삶을 고통
의 바다로 이끄는 고리다. 사탄은 이것들을 통해 인간을 하나
님을 원망하고, 하나님께 반항하고 대항하는 대적자들로 만든
다.

　거짓말이 무엇인가? 사실을 왜곡해 사실을 사실대로 말하
지 않는 것이다. 거짓말은 '부정어'(否定語)의 대표어다. 사탄의 공
격을 받아 하와같이 거짓의 허상이 이미 마음에 자리 잡고 있
는 사람은 모든 것을 부정적으로 보고, 부정적으로 생각하고,
부정적으로 말한다. 그는 '나는 할 수 없어', '나는 능력이 없어',

'나는 돈이 없어', '나에게는 돕는 사람이 없어'라고 생각한다. 하나님을 믿고 예수님을 구세주로 믿는다고 하는 성도들도 이렇게 사탄에게 매이면 부정적으로 보고, 부정적으로 생각하고, 부정적으로 말하게 된다. 사탄은 '사실을 왜곡해 보게 하고, 생각하게 하고, 말하게 하는 거짓'을 통해 인간을 지배하고 세상을 통치하고 있다.

사도행전 5장에는 아나니아와 삽비라 부부 이야기가 나온다. 이 부부는 죄로 죽어야 할 자신들을 구원하신 예수님의 십자가 은혜가 너무나도 감사해 집을 판 돈 전부를 하나님께 헌금하겠다고 사도들에게 약속했다. 그러나 막상 집을 팔아 거금을 손에 쥐고 보니 돈을 다 하나님께 헌금하는 것이 아까운 생각이 들었다. 이때 사탄이 아나니아에게 살짝 말했다. '절반만 내고 이것이 전부라고 하라.' 아나니아는 사탄이 알려 준 거짓말대로 베드로 사도 앞에 집을 판 값 절반을 내 놓으면서 "집을 판 돈입니다"라고 말했다. 영안이 열려 아나니아의 모든 것을 알고 있던 베드로가 "아나니아야 어찌하여 사탄이 네 마음에 가득하여 네가 성령을 속이고 땅 값 얼마를 감추었느냐?"(행 5:3)라고 그를 책망한 순간 아나니아는 그 자리에서 죽었다. 이렇게 사탄은 거짓말로 사람을 다스리며 세상을 통치하고 있다.

북이스라엘의 7대 왕인 아합 시대에 이스르엘 지역에 나봇이라는 사람이 포도원을 가지고 있었는데, 이 포도원은 왕궁 가까이에 있었다. 아합이 이 포도원을 탐내 나봇에게 포도원을 팔라고 했다. 제안을 받은 나봇은 조상의 유산을 왕에게 파는 것은 하나님이 금하신 것이기에 팔 수 없다고 거절했다. 나봇으로부터 거절당한 아합 왕은 체면이 말이 아니었다. 아합 왕은 근심하며 왕궁으로 돌아와 식음을 전패하고 침상에 누워 있었다. 그러자 아내 이세벨이 아합에게 무엇 때문에 식음을 전폐하고 누워 있는지 물었다. 아합은 나봇의 포도원에 관한 일을 말했다.

아합의 말을 들은 이세벨은 '그렇게 소심하고서야 어떻게 나라를 다스릴 수가 있습니까? 일어나 식사나 하시오. 내가 이스르엘 사람 나봇의 포도원을 왕께 드리겠습니다'라고 말하며 아합의 이름으로 편지를 써서, 나봇과 함께 사는 장로와 귀족들에게 보냈다. 편지의 내용은 '금식을 선포하고 나봇을 백성 가운데 높이 앉힌 후에, 불량자 두 사람을 나봇 앞에 마주 앉게 하고 그에 대하여 증거하기를 나봇이 하나님과 왕을 저주하였다 하게 하고 곧 그를 끌고 나가서 돌로 쳐 죽이라'는 것이었다.

이 이야기는 이세벨이 하나님과 왕을 저주했다는 거짓말로 나봇을 죽이고 그의 포도원을 강탈한 사건이다. 하나님은 엘리야에게 다음과 같이 말씀하셨다. "너는 일어나 내려가서 사마리아에 있는 이스라엘의 아합 왕을 만나라 그가 나봇의 포도원을 차지하러 그리로 내려갔나니 너는 그에게 말하여 이르기를 여호와의 말씀이 네가 죽이고 또 빼앗았느냐고 하셨다 하고 또 그에게 이르기를 여호와의 말씀이 개들이 나봇의 피를 핥는 곳에서 개들이 네 피 곧 네 몸의 피도 핥으리라 하셨다 하라"(왕상 21:18~19). 하나님이 악한 아합과 그의 아내 이세벨에 대해 어떻게 행하셨는지는 열왕기상 22장을 통해 확인할 수 있다.

길르앗에 갓 지파의 성읍인 '라못'이라는 곳이 있는데, 이스라엘은 이 성읍을 아람에 빼앗긴 지 오래 되었다. 어느 날, 남유다 여호사밧 왕이 아합 왕을 만나려고 이스라엘에 왔을 때, 아합 왕이 여호사밧 왕에게 "라못 성읍이 본래 우리 것인데 아람에게 빼앗긴 지 오래 되었으니 당신은 나와 함께 길르앗 라못으로 가서 아람과 싸우지 않겠소?"라고 했다. 여호사밧 왕이 아합 왕에게 "나는 당신과 같고 내 백성은 당신의 백성과 같고 내 말들도 당신의 말들과 같으니 가겠소"라고 답하면서도, 여호와의 말씀이 어떤지 선지자에게 물어보자고 했다. 아합 왕이 선지자 400명을 모으고 그들에게 "내가 길르앗 라못에 가서 싸우랴 말랴"라고 묻자, 그들이 "올라가소서 주께서 그 성읍을 왕의 손에 넘기실 것입니다"라고 대답했다.

이때 여호사밧 왕이 이 선지자들 외에 다른 선지자가 없냐고 묻자 아합 왕이 이믈라의 아들 미가야라는 선지자가 있는데, 그는 늘 자신에게 흉한 일만 예언해 그를 미워한다고 말했다. 그러자 여호사밧 왕이 아합 왕에게 미가야 선지자를 부르자고 했다.

미가야 선지자를 부르러 간 내시가 미가야에게 모든 선지자들이 아합 왕이 길르앗 라못으로 올라가 승리해 그 성읍을 손에 넣을 거라고 예언하니 선지자님도 그렇게 예언하라고 종용했다.

아합 왕이 미가야에게 "길르앗 라못으로 싸우러 가랴 말랴"라고 물었을 때 미가야가 말했다. "올라가서 승리를 얻으소서 여호와께서 그 성읍을 왕의 손에 넘길 것입니다." 그러자 아합 왕은 미가야에게 진실을 말하라고 다그쳤다.

이때 하늘에서 천상회의를 하는 것을 미가야가 보고 아합 왕에게 말하기를 "여호와께서 말씀하시기를 누가 아합을 꾀어 그를 길르앗 라못에 올라가서 죽게 할꼬 하시니 하나는 이렇게 하겠다 하고 또 하나는 저렇게 하겠다 하였는데 한 영이 나아와 여호와 앞에 서서 말하되 내가 그를 꾀겠나이다 여호와께서 그에게 이르시되 어떻게 하겠느냐 이르되 내가 나가서 거짓말 하는 영이 되어 그의 모든 선지자들의 입에 있겠나이다. 여호와께서 이르시되 너는 꾀겠고 또 이루리라 나가서 그리하라 하셨은즉 이제 여호와께서 거짓말하는 영을 왕의 이 모든 선지자의 입에 넣으셨고 또 여호와께서 왕에 대하여 화를 말씀하셨나이다"(왕상 22:20~23)라고 흉한 예언을 했다.

아합 왕은 화가 나서 미가야를 옥에 가두고 전쟁터로 나갔다. 그런데 전장에서 적군이 쏜 화살이 우연히 아합 왕 갑옷 솔기를 맞춰 그는 마차 위에서 피를 많이 흘리고 죽었다. 죽은 아합 왕을 매장하고 아합 왕의 피가 묻은 마차를 사마리아 연못에서 씻을 때 하나님이 예언하신 대로 개들이 와서 그의 피를 핥아 먹었다.

이는 거짓말의 영인 사탄에게 사로잡힌 아합 왕이 거짓말로 나봇을 죽이고 나봇의 포도밭을 강탈할 때 "나봇의 피를 사마리아 못에서 개들이 핥아 먹은 것같이 아합의 피도 핥으리라"(왕상 21:19)는 예언의 말씀이 이뤄진 사건이다.

거짓의 영인 사탄에게 사로잡힌 아합 왕을 통해 우리에게 주시는 하나님의 메시지는, 사탄에 얽매여 회개하지 아니하고 거짓말을 계속하는 사람에게는 "사람이 회개하지 아니하면 그가 그의 칼을 가심이여 그의 활을 이미 당기어 예비하셨도다"(시 7:12)는 말씀과 같이 하나님이 부리시는 악령(삼상 16:14)을 사용하시어 그 사람을 거짓말로 심판하신다는 것이다.

그래서 예수님도 "너희는 아비 마귀에게서 났으니 너희 아비의 욕심대로 너희도 행하고자 하느니라 그는 처음부터 살인한 자요 진리가 그 속에 없으므로 진리에 서지 못하고 거짓을 말할 때마다 제 것으로 말하나니 이는 그가 거짓말쟁이요 거짓의 아비가 되었음이라"(요 8:44)라고 말씀하셨다.

하나님이 마지막 때에 사탄을 심판해 지옥에 던지실 때에 이렇게 거짓말을 하는 자들도 함께 심판하시겠다고 말씀하신다.

"그러나 두려워하는 자들과 믿지 아니하는 자들과 흉악한 자들과 살인자들과 음행하는 자들과 점술가들과 우상 숭배자들과 거짓말하는 모든 자들은 불과 유황으로 타는 못에 던져지리니 이것이 둘째 사망이니라"(계 21:8).

2. 의심을 통하여 성도를 공격하는 사탄

"예수께서 대답하여 이르시되 내가 진실로 너희에게 이르노니 만일 너희가 믿음이 있고 의심하지 아니하면 이 무화과나무에게 된 이런 일만 할 뿐 아니라 이 산더러 들려 바다에 던져지라 하여도 될 것이요"(마 21:21).

기독교의 믿음은 타종교의 믿음과 어떻게 다른가?

세상의 모든 종교를 믿는 사람들은 자신의 종교의 신을 믿는다고 말한다. 힌두교 신자들은 모든 사물에는 영이 있다고 보는 '물활론'(物活論, Animism)을 믿으면서도 '믿는다'고 말한다.

불교도 산스크리트어 '붓드'(budh)가 '깨닫다', '눈뜨다'라는 의미고, 붓드(budh)의 과거분사 '붓다'(Buddha)가 '깨달은'이라는 뜻인데, 이 과거분사가 명사로 쓰인 '깨달은 자', '생각에 도달한 사람', '지(知)를 완성한 사람'인 '붓다'를 우리말로 음역해

'부처'가 됐다. 스님들이 매우 중요하게 여기는 불교의 경전 중 『반야심경』이라는 경전이 있다. 이 경전에는 "아제 아제 바라아 제 바라승아제 보리사바하"라는 구절이 있는데, 이는 "가세 가 세 건너가세 함께 건너가 깨달음을 이루세"라는 뜻이다. 곧 깨 달음에 도달하는 것이 불교인 것이다.

　모든 종교에는 표상성과 체험성이 있다. 기독교의 표상성 은 십자가고, 체험성은 구원의 은혜다. 기독교는 하나님이 인 간을 찾아오셔서 인간의 영혼이 하나님을 만나는 종교다. 그러 나 불교의 표상성은 목탁이고 체험성이 귀신이다. 불교는 신도 들이 깨달음을 찾아가는 철학이다. 따라서 불교는 종교가 아니 고 철학이다. 그러나 불교신자들도 부처를 믿는다고 말한다.

　그렇다면 우리 그리스도인들이 말하는 '믿는다'는 것과 타 종교의 믿음은 무엇이 다른가? 철학이나 종교 철학은 인간에 게 '이성'(理性)이 있다고 말한다. 그런데 기독교에서는 이성 위에 '믿음'이 하나 더 있다고 말한다.

　하나님을 믿지 않는 사람들은 하나님의 우주에 대한 뜻과 는 관계없이 이성에 따라서 사람들이 행동한다는 이신론(理神論, Deism)[1]을 말한다. 무슨 뜻이냐 하면 우주에 대한 하나님의 뜻과 는 상관없이 사람이 밥을 먹으면 에너지가 생기니까 일을 할

---

1) 이신론(理神論, Deism)은 우주의 창조자이신 하나님이 세상일에 관여하거나 계시에 의해 하나님을 나타내지 않고, 우주는 독자적인 법칙에 따라 움직인다고 하는 이성적인 종교관으로 자연신론과 같다. 이 사상은 영국의 허버트(Herbert von Cherbury)가 최초로 제창했으며 18세기 계몽주의 시대의 대표적인 기독교 사상이다.

수 있고, 밥을 먹지 않으면 일은 고사하고 힘이 없어 죽게 된다는 것이다. 그러나 기독교에서는 이성과 믿음이 있는데, 이성은 누구든지 다 갖고 있으며, 그리스도인은 그 위에 믿음을 하나 더 가지고 있다고 말한다.

그러니까 믿지 않는 사람이 갖지 못한 것이 하나 있는데, 그것이 바로 '믿음'이다. 즉 믿지 않는 사람에게는 하나님의 은총이 없지만, 하나님을 믿는 그리스도인에게는 하나님의 섭리라는 은총이 있다는 것이다. "참새 두 마리가 한 앗사리온에 팔리는 것이 아니냐 그러나 너희 아버지께서 허락지 아니하시면 그 하나라도 땅에 떨어지지 아니하리라 너희에게는 머리털까지 다 세신 바 되었나니"(마 10:29~30)라는 말씀은 하늘을 나는 새 한 마리도 하나님이 허락하시지 않으면 땅에 떨어지지 않고, 우리의 머리털도 하나님의 뜻 안에서 빠진다는 의미다. 다시 말해 성경은 인간이 이성에 의해 움직이지 않고, 하나님의 뜻과 섭리 가운데서 살아가며, 우주가 움직이고 있다는 것을 가르쳐 준다.

그래서 기독교의 믿음은 옛날이나 지금이나 영원히 동일하게 역사하시는 살아 계신 하나님(히 13:8)을 믿는 믿음이기 때문에, 기독교의 믿음에는 '의심, 두려움, 근심, 걱정, 불안, 좌절, 실망' 등이 있어서는 결코 안 된다.

우주 만물을 창조하신 전능하신 하나님이 우리 곁에 항상 계시며, 우리가 즐거울 때나 슬플 때나 항상 지켜 주시기 때문이다(시 121:3~8).

그러나 다른 종교인들은 살아 계신 하나님을 믿지 않는다. 그들은 아무 종교도 가지고 있지 않는 무신론자(無神論者)와 똑같이 하나님의 은총 없는 인간의 이성으로 살기 때문에, 그들의 믿음에는 '의심, 두려움, 근심, 걱정, 불안, 좌절, 실망' 등이 있다. 이것이 기독교의 믿음이 타종교의 믿음과 다른 점이다.

사람의 눈은 흰자위와 검은자위로 돼 있다. 사람이 물체를 분별할 수 있는 것은 검은자위를 통해서다. 왜 하나님은 사람이 검은자위를 통해서 사물을 보게 만드셨을까? 손봉모 신부님은 그의 저서『고통 그 인간적인 것』이라는 책에서 다음과 같이 말한다.

"네 인생이 어두울지라도, 네 현실이 눈동자같이 캄캄하다고 할지라도 결코 낙심하거나 좌절하지 말아라. 오히려 그 어두움을 통해 밝은 미래를 바라볼 수 있게 될 것이다."

하나님은 우리의 삶이 어두울지라도, 우리의 현실이 눈동자같이 캄캄하다고 할지라도, 의심하거나 두려워하거나 불안해하지 말고, 오히려 검은 눈동자를 통해 밝은 미래를 보도록 만드셨다.

사탄은 마음을 통하여 성도를 공격한다

사탄은 자신의 미혹을 받은 사람에게 거짓말을 함으로 그가 마음의 창문을 열게 한다. 그리고 그의 마음의 눈에 '의심, 근심, 걱정, 두려움, 불안, 낙심, 절망, 좌절, 분열' 등의 색안경을 씌운다.

의심의 눈으로 세상을 보면 모든 일에 의심을 갖게 된다. 근심의 눈으로 보면 모든 일이 근심과 걱정거리다. 두려움의 눈으로 보면 모든 일에 두려움을 갖게 된다. 불안의 눈으로 보면 모든 것이 불안하게 보인다. 과학을 연구하는 사람에게 의심은 창조의 출발점이지만, 예수를 구세주로 믿는 하나님의 백성에게 의심(疑心)은 불신(不信)의 출발점이다.

정말로 예수님은 동정녀에게서 출생하셨나?
정말로 예수님은 하나님의 아들이신가?
정말로 예수님은 우리 죄를 대신해 죽으셨나?
정말로 예수님은 죽으셨다가 3일 만에 부활하셨나?
정말로 예수님은 우리의 기도에 응답해 주실까?
정말로 예수님은 나의 병을 고쳐 주실까?'

사탄은 이런 의심을 통해 성도를 공격하고, 성도들의 믿음을 서서히 빼앗아 간다.

예수님이 십자가 위에서 돌아가신 후 3일째 되는 날이었다. 이날 저녁, 제자들이 유대인들이 무서워서 문을 닫고 모여 있을 때 예수님이 오셔서 제자들 가운데 서셨다. 그리고 "너희에게 평강이 있을지어다"(요 20:19)라고 말씀하시며 손과 옆구리를 보여 주셨다. 예수님이 죽은 줄로만 알던 제자들에게 예수님이 살아서 나타나셨을 뿐만 아니라, 못 박혔던 손의 못 자국과 창에 찔렸던 옆구리의 창 자국을 만져 보이실 때 제자들의 기쁨은 말로 다 표현할 수 없었다.

예수님은 또 제자들에게 "아버지께서 나를 보내신 것같이 나도 너희를 보내노라"(요 20:21)라고 말씀하시고, 그들을 향해 숨을 내쉬면서 "성령을 받으라 너희가 누구 죄든지 사하면 사하여질 것이요 누구 죄든지 그대로 두면 그대로 있으리라"(요 20:22~23)라고 말씀하신 후 그들 앞에서 사라지셨다.

이 모임에 도마라 하는 제자는 없었다. 그래서 제자들이 도마를 만나 '우리가 부활하신 예수님을 보았다'라고 말할 때, 그는 '내가 그 손의 못 자국을 보며 내 손가락을 그 못 자국에 넣으며 내 손을 옆구리에 넣어 보지 않고는 믿지 아니하겠노라'(요 20:25)고 말했다. 일주일 후 다시 제자들이 모여 문을 닫고 방 안에 있을 때에 예수님이 또 그들 가운데 오셔서 "평강이 있을지어다"라고 말씀하시고 도마에게 "네 손가락으로 내 손을 만져 보고 내 옆구리에 넣어 보라 그리고 믿음이 없는 자가 되지 말고 믿는 자가 되라"(요 20:27)라고 하셨다. 이때 도마는 예수님께 "나의 주님이시요 나의 하나님이시니이다"(요 20:28)라는 신앙고백을 했다. 예수님은 "너는 나를 본 고로 믿느냐 보지 못하고 믿는 자들이 복되도다"(요 20:29)라고 말씀하셨다.

도마가 말한 '내가 그의 손의 못 자국을 보며 내 손가락을 그 못 자국에 넣으며 내 손을 그 옆구리에 넣어 보지 않고는 믿지 아니하겠노라'는 도마가 부활하신 예수님을 직접 보고, 손으로 못 자국을 만져보아야만 예수님의 부활을 믿을 수 있다는 의미다.

사람에게는 다섯 개의 감각기관이 있다. '보고, 듣고, 피부로 느끼고, 코로 냄새 맡고, 혀로 맛보는' 기관이다. 사람은 이 다섯 개의 기관을 통해 사물을 구별하고 안다. 그리고 이 다섯 개의 기관으로 감지하지 못하는 것은 세상에 없는 것으로 판단한다.

도마가 '내가 그 손의 못 자국을 보며 내 손가락을 그 못 자국에 넣으며 내 손을 그 옆구리에 넣어 보지 않고는 믿지 아니하겠노라'는 말에서 '못 자국을 보며'는 시각적으로 확인해야 믿겠다는 의미다. 또 '내 손가락을 그 못 자국에 넣으며 내 손을 그 옆구리에 넣어 보지 않고'는 촉각으로 느껴 보고 확인해야 믿겠다는 의미다.

기독교의 믿음은 오관(五官)을 초월한 초현실적인 것으로, '마음으로 보고, 느끼고, 알아서 믿는 믿음이다.' 그러나 오관으로 느끼고 알아서 믿는 믿음은 믿음이 아니다. 지식이다. 이성이다. 그래서 주님은 "내가 진실로 너희에게 이르노니 누구든지 이 산더러 들리어 바다에 던지우라 하며 그 말하는 것이 이룰 줄 믿고 마음에 의심치 아니하면 그대로 되리라"(막 11:23)라고 하셨다. 여기서 주님은 '머리에 의심치 아니하면'이라고 말씀하시지 않고 '마음에 의심치 아니하면'이라고 하셨다. '믿음'은 머리로 믿는 것이 아니고 마음으로 믿는 것이다. 머리로 믿는 것은 믿음이 아니라 지식이다.

기독교의 믿음은 바로 '마음으로 보고, 느끼고, 알아서' 믿는 믿음이다. 기독교에서는 이 '믿음'을 '제6감'이라고 말한다. 왜냐하면 이성으로는 알 수 없는 4차원의 세계를 제6감인 '믿음'으로만 알 수 있기 때문이다. 제6감인 믿음은 영이신 하나님을 만나는 감각이다. 그러므로 사탄이 하늘나라 백성을 공격하는 첫 번째 통로가 바로 마음이다. 사탄이 사람의 마음의 창문을 열고 의심을 심어 놓으면, 사람들은 쉽게 사탄에게 믿음을 빼앗기게 된다.

예수님은 오관으로 느끼지 않고 믿는 것이 복되다고 말씀하셨다. 그러나 사탄은 오관으로 느끼고 믿으라고 미혹한다. 이렇게 사탄은 오관으로 느끼는 믿음이 참믿음이라고 속여, 그리스도인들로 하여금 '의심'하게 한다. 그리고 그리스도인들의 마음에서 믿음을 서서히 빼앗아 간다.

하루는 예수님이 떡 다섯 개와 물고기 두 마리로 오천 명을 먹인 기적을 베푸신 후, 제자들을 호수 건너편 마을로 가게 하시고 자신은 혼자 산으로 가서서 기도하셨다. 예수님 없이 제자들끼리 배를 타고 호수를 건너가는데 바람이 불어 물결이 일어나 제자들이 심히 고생을 하고 있었다.

새벽녘에 예수님이 바다 위로 걸어오시자 제자들은 유령인 줄 알고 무서워 떨며 소리 질렀다. 그러자 예수님은 제자들에게 "안심하라 내니 두려워 말라"고 말씀하셨다. 이 말을 들은 베드로가 예수님께 "주여 만일 주시어든 나를 명하사 물 위로 오라 하소서"라고 말했고, 예수님이 "오라"고 하셨다. 베드로가 배에서 내려 물 위로 걸어 예수님께 가고 있었다. 그런데 물 위로 걸어갈 때에 갑자기 바람이 불고 물결이 높아지자 베드로는 전능하신 예수님이 곁에 있다는 사실을 까맣게 잊고 '물에 빠져 죽으면 어떻게 하지?'라고 의심했다. 이렇게 베드로의 마음에 의심이 들어온 순간 그는 물속에 빠졌다. 이때 베드로가 "주여 나를 구원하소서"라고 소리쳤고, 예수님이 즉시 베드로에게 손을 내밀어 그를 붙잡으시며 "믿음이 적은 자여 왜 의심하였느냐?"(마 14:31)라고 책망하셨다.

여기에 등장하는 '의심하다'라는 헬라어 단어 '디스타조'(δισταξω)는 '머뭇거리다', '마음이 두 갈레로 나뉘다'라는 의미다. 의심하는 마음을 가진 사람은 주일날 교회에 갈까 말까 마음이 나뉘는 사람이다. 하나님이 축복도 주시지 않는데, 십일조를 드릴까 말까 마음이 나뉘는 사람이다. 응답도 없는 기도를 할까 말까 마음이 나뉘는 사람이다. 이렇게 사탄이 우리의 마음속에 의심을 심으면, 하나님을 향한 우리의 믿음의 줄이 끊어져 하나님을 떠난 방랑자가 되고 만다.

야고보 사도는 이런 사람은 주님께로부터 아무것도 얻기를 바라지 말라고 말씀한다. "오직 믿음으로 구하고 조금도 의심하지 말라 의심하는 자는 마치 바람에 밀려 요동하는 바다 물결 같으니"(약 1:6). '의심하는 믿음'은 바람에 밀려 요동하는 물결 같기 때문에 온전한 믿음이 아니라는 말씀이다.

하나님은 이사야 선지자를 통해 앞으로 유다의 멸망과 바벨론 포로가 될 것을 말씀하면서 근심, 걱정, 불안, 고통, 고난과 두려움에 쌓여 있는 유다 백성에게 강력한 소망과 희망을 주는 메시지를 주셨다.

"야곱아 어찌하여 내가 말하며 이스라엘아 네가 이르기를 내 길은 여호와께 숨겨졌으며 내 송사는 내 하나님에게서 벗어난다 하느냐 너는 알지 못하느냐 영원하신 하나님 여호와, 땅 끝까지 창조하신 이는 피곤하지 않으시며 곤비치 않으시며 명철이 한이 없으시며 피곤한 자에게는 능력을 주시며 무능한 자에게는 힘을 더하시나니 소년이라도 피곤하며 장정이라도 넘어지며 쓰러지되 오직 여호와를 앙망하는 자는 새 힘을 얻으리니 독수리가 날개 치며 올라감 같을 것이요 달음박질하여도 곤비치 아니하겠고 걸어가도 피곤하지 아니하리로다"(사 40:27~31).

"두려워하지 말라 내가 너와 함께함이라 놀라지 말라 나는 네 하나님이 됨이라 내가 너를 굳세게 하리라 참으로 나의 의로운 오른손으로 너를 붙들리라"(사 41:10).

이 말씀은 천지를 지으신 전지전능하신 하나님이 우리와 함께하시므로 절대로 의심하거나 두려워하지 말라는 말씀이다. 또한 우리에게 확실한 믿음을 심어 주는 말씀이다.

창세기에는 믿음의 조상 아브라함의 이야기가 등장한다.

하나님은 죄를 지은 인간을 에덴동산으로 회복시키기 위해 아브라함이라는 사람을 택하셨다. 그리고 그에게 "너는 너의 고향과 친척과 아버지의 집을 떠나 내가 네게 보여 줄 땅으로 가라 내가 너로 큰 민족을 이루고 네게 복을 주어 네 이름을 창대하게 하리니 너는 복이 될지라"(창 12:1~2)라고 말씀하셨다. 그때에 아브라함의 나이가 75세였고 아내 사라의 나이가 65세였다. 이들 노부부가 하나님의 말씀에 의심하지 않고 순종해 고향을 떠난 사건에 대해 신약 로마서는 다음과 같이 서술한다.

"기록된 바 내가 너를 많은 민족의 조상으로 세웠다 하심과 같으니 그의 믿은 바 하나님은 죽은 자를 살리시며 없는 것을 있는 것같이 부르시는 이시니라 아브라함이 바랄 수 없는 중에 바라고 믿었으니 이는 네 후손이 이 같으리라 하신 말씀대로 많은 민족의 조상이 되게 하려 하심을 인함이라 그가 백세나 되어 자기 몸의 죽은 것 같음과 사라의 태의 죽은 것 같음을 알고도 믿음이 약하여지지 아니하고 믿음이 없어 하나님의 약속을 의심치 않고 믿음으로 견고하여져서 하나님께 영광을 돌리며 약속하신 그것을 또한 능히 이루실 줄을 확신하였으니"(롬 4:17~21).

하나님을 믿는다고 하면서 그분의 약속의 말씀을 의심하는 것은 하나님을 믿지 않는 것과 같다는 말씀이다. 사탄은 바로 이점을 노리고 그리스도인들의 마음의 창문을 열고 '의심'을 심는다. 그리고 '너는 학력이 없어 이 일을 할 수 없어', '너는 돈이 없어 이 일을 할 수 없어', '너는 지혜가 없어 이 일을 할 수 없어', '너에게는 도와주는 사람이 없어 이 일을 할 수 없어'라는 의심의 부정어(否定語)들로 속삭여 믿음을 야금야금 빼앗아 간다.

나는 택시를 타면 먼저 운전 기사에게 전도를 한다. 한번은 택시를 탔는데 얼굴을 보는 순간 이 사람은 예수를 믿어야 할 사람이라는 생각이 들었다. 그래서 기사에게 "예수 믿으십니까?"라고 물었다. 기사가 하는 말이 "옛날에는 예수를 믿었는데 지금은 불자(佛子)가 되었습니다"라고 했다. 나는 "무슨 연유로 불자가 되었습니까?"라고 물었다. 그러자 기사는 예수를 믿을 때 자기 어머니가 중한 병이 들어 열심히 기도를 했는데도 병이 낫지 않고 돌아가시자, 하나님은 없다고 결론짓고 불교로 개종했다고 말했다. 사탄은 이 기사의 어머니가 병에서 낫지 못하고 사망케 함으로써, 기사에게 '하나님은 없다'라는 의심을 갖게 했고, 천국 백성을 지옥의 자식으로 끌고 갔다.

"할 수만 있으면 택하신 자들도 미혹한다"(마 24:24)는 말씀과 같이 많은 성도들이 사탄이 주는 의심의 거짓말로 인해 믿음에서 넘어지고 있는 것이 현실이다. 성경은 마지막 때에는 "하나님의 진리를 거짓 것으로 바꾸어"(롬 1:25) 놓기 위해 "나로 말미암아 너희를 욕하고 박해하고 거짓으로 너희를 거슬러 모든 악한 말을 할 때에는 너희에게 복이 있나니"(마 5:11)라고 했다.

예수님이 부활하신 후 많은 주의 종들이 부활하신 예수님을 증거할 때, 사탄이 바리새인들 마음속에 들어가 그들로 하여금 주의 종들에게 대항해 "거짓 증인을 세우니 이르되 이 사람이 거룩한 곳과 율법을 거슬러 말하기를 마지 아니하는도다"(행 6:13)라는 거짓말로 주의 종들을 핍박하게 했다. 이 사탄은 오늘날에도 계속해서 성도들에게 '그러면 너는 귀신들처럼 될 거야'라고 말하지 않고, '너는 하나님처럼 될 거야'라고 말한다. 또 '너는 선과 악을 알게 될 거야'라는 거짓말로 성도들을 속이고 있다.

오늘날 성도들 중에는 사탄의 거짓말 공격을 받고 믿음에서 넘어진 자들이 많다. 우리 그리스도인들은 예수를 믿기 시작하는 순간부터 마귀와의 영적 전쟁을 시작하게 된다. 이 영적 전쟁은 에덴동산의 인류 역사의 기원과 동시에 시작됐다. 하나님도 보이시지 않고, 사탄도 보이지 않기 때문에 인간인 우리는 사탄의 거짓말 공격을 분별하기가 쉽지 않다. 예수를 믿는 순간 국적이 지옥에서 천국으로 바뀌기 때문에 사탄은 빼앗긴 자기 사람들을 되찾기 위해 모든 방법을 총동원해 공격한다. 그중 사탄은 성도들에게 '병이 들면 어떻게 하나?', '사업이 실패하면 어떻게 하나?', '아이가 대학교에 합격하지 못하면 어떻게 하지?' 등의 근심과 걱정과 두려움을 마음에 심어 공격한다.

한번은 내가 기도하는데 하나님이 내게 믿음이 없음을 책망하시면서 "사랑하는 종아, 안 되는 것이 되고, 없는 것이 있는 것으로 되는 것이 하늘의 법칙이다. 이 믿음을 가져라. 그리고 이 믿음을 갖기 위해 '너희는 마음에 근심하지 말라 하나님을 믿으니 또 나를 믿으라'(요 14:1)라는 말씀을 하루에 열 번씩 외우라고 하셨다.

근심, 걱정, 두려움 등의 거짓말로 공격하는 사탄을 물리치는 최선의 방법은 하나님의 능력을 믿는 것이다. 디모데는 "그러나 성령이 밝히 말씀하시기를 후일에 어떤 사람들이 믿음에서 떠나 미혹하는 영과 귀신의 가르침을 따르리라"(딤전 4:1)라고 말하며 악령의 거짓 공격을 경계한다. 또 바울 사도는 "의심하고 먹는 자는 정죄되었나니 이는 믿음으로 하지 아니한 연고라 믿음으로 좇아 하지 아니하는 모든 것이 죄니라"(롬 14:23)라고 말하며, 오직 의심 없는 순도 100퍼센트의 믿음을 가지라고 권면한다.

3. 두려움을 통하여 성도를 공격하는 사탄

"평안을 너희에게 끼치노니 곧 나의 평안을 너희에게 주노라 내가
너희에게 주는 것은 세상이 주는 것과 같지 아니하니라 너희는 마음
에 근심하지도 말고 두려워하지도 말라"(요 14:27).

그리스도인의 광야생활

요셉이 애굽의 국무총리로 있었던 시대에 극심한 기근이
있었다. 식량을 구하러 애굽으로 온 요셉의 형제 70명은 한때
바로의 귀빈이었으나, 요셉이 죽은 후에는 노예 민족으로 전락
했다. 하나님은 400여 년 전에 아브람에게 하나님의 백성에 대
한 계획을 말씀하셨다.

"여호와께서 아브람에게 이르시되 너는 반드시 알라 네 자
손이 이방에서 객이 되어 그들을 섬기겠고 그들은 사백 년 동
안 네 자손을 괴롭히리니 그들이 섬기는 나라를 내가 징벌할지

며 그 후에 네 자손이 큰 재물을 이끌고 나오리라"(창 15:13~14).

하나님은 말씀을 이루시기 위해 이스라엘 백성의 출애굽 인도자로 모세를 택하셨다.

이스라엘 민족이 애굽의 압제로부터 구출된 역사적 사실은 노예생활에서 해방되었다는 것 이상의 큰 의미를 가진다. 하나님은 이스라엘 민족이 선택된 백성(신 7:6; 14:2)으로 약속의 땅 가나안에 거할 수 있도록 인도하셨다. 출애굽의 중심 사상은 하나님의 구원하시는 역사(God's redemptive act)일 뿐만 아니라, 하나님이 이스라엘 민족을 받아들이시고 선민(選民)으로 삼으신 것이다.

> "너는 여호와 네 하나님의 성민이라 네 하나님 여호와께서 지상 만
>
> 민 중에서 너를 자기 기업의 백성으로 택하셨나니"(신 7:6).

하나님이 구속 사역을 이루시기 위해 모세를 이스라엘 민족의 인도자로 삼으시고 모세에게 이스라엘 민족을 출애굽시켜 이끌게 하신 곳은 풀 한 포기 자랄 수 없는 광야였다. 광야는 생명체가 살 수 없는 곳이다. 하나님은 이스라엘 민족을 그분의 백성으로 삼으신다고 말씀하시고는 왜 생명체가 살 수 없는 광야로 이끄셨는가?

"진리를 알지니 진리가 너희를 자유롭게 하리라"(요 8:32)는 말씀처럼 자유로운 그리스도인이 되기 위해서는 먼저 광야에서의 삶을 체험해야 한다. 우리가 자유롭지 못한 것은 우리를

자유롭지 못하게 하는 그 어떤 것이 우리 속에 있기 때문이다. 우리의 삶은 칠십이요 강건하면 팔십이라고 하는데 지금은 백세 시대이다. 백세를 사는 우리는 모두 각자 자기만의 광야를 가지고 있다.

어떤 사람에게는 부부간의 갈등이 광야다.
어떤 사람에게는 고부간의 갈등이 광야다.
어떤 사람에게는 물질이 광야다.
어떤 사람에게는 자녀 문제가 광야다.
어떤 사람에게는 질병이 광야다.

이렇듯 성도의 문제를 알게 하는 곳이 곧 광야다. 광야는 자기를 바라보는 거울과 같은 곳이다. 우리에게 부족한 것이 무엇인지를 깨닫게 하는 곳이 바로 광야다. 그러므로 광야에서의 시간은 하나님을 바라보는 시간이요, 기도하는 시간이요, 회개하는 시간이다.

광야는 이스라엘 백성이 택한 곳이 아니다. 하나님은 일주일이면 가나안에 도착할 수 있는 지름길이 있음에도 불구하고 이스라엘 백성을 지름길이 아닌 시내 산으로 가는 광야 길로 인도하셨다. 그러므로 광야는 이스라엘 백성이 반드시 거쳐야 할 길이다. 또한 광야는 우리가 자유인이 되기 위해 반드시 통과해야 할 길이다.

400년 동안 애굽에서 노예생활을 한 이스라엘 백성에게는 한 가지 문제가 있었다. 그들은 몸에 배어 있는 노예 습관과 이방 신을 섬기는 애굽 풍습에 젖어 있는 옛것을 털어 버려야 했다. 하나님이 주시는 새로운 삶을 살기 위해 애굽이라는 옛 가치와 옛 습관과 옛 사고를 버려야 했다.

하나님은 이스라엘 백성이 옛것을 버리고 그분이 주시는 새로운 삶을 살기 위해 훈련하는 곳으로 광야를 선택하셨다. 광야에는 아무것도 없다. 살 집도 없다. 먹을 곡식도 없다. 마실 물도 없다. 낮에는 40도가 넘는 더위에 숨쉬기조차 힘들고, 밤이 되면 온도가 영하로 내려가 몸을 가리는 이불이나 담요 없이는 잠을 잘 수가 없다. 그러나 이런 광야만이 이스라엘 백성에게 하나님이 주시는 삶의 훈련을 할 수 있는 곳이기에 하나님은 이스라엘 백성을 이 광야로 인도하셨다.

하나님만을 믿고, 바라보고, 순종하며 따라가야 살 수 있는 곳이 광야다. 이스라엘 백성에게 광야는 애굽의 삶의 양식을 버리고 하나님이 주시는 삶의 방법을 배우는 곳이다.

'출애굽'은 '애굽에서의 탈출'을 줄인 말이다. 헬라어로 출애굽은 '엑소도스'(ἔξοδος)다. '에서'라는 의미의 '엑스'(ἐξ)와 '길'이라는 '오도스'(ὁδός)가 합쳐진 합성어다. 이 단어는 그동안 살아왔던 옛 생활 습관을 벗어 던지고 새로운 삶, 즉 하나님이 주시는 삶으로 바꾸어 가는 것을 의미한다.

성도들이 매일 하나님께 나아가는 삶을 살기 위해서는 성도로서 가져서는 안 되는 것들을 털어 버려야 거룩하신 하나님께 나아갈 수가 있다. 하나님은 광야에서 이스라엘 백성에게 두 가지를 주셨다. 하나는 십계명이요, 또 다른 하나는 하나님께 예배드리는 장소인 성막이다. 이 성막에 들어가면 제일 먼저 하는 행위가 번제단에 회개의 번제물을 하나님께 드리는 일이다. 이것은 하나님이 이스라엘 백성에게 "내가 거룩하니 너희도 거룩하라"(레 19:2)라는 말씀처럼 하나님께 나아가는 자는 반드시 거룩한 몸으로 나아가야 한다는 의미를 갖는다.

'거룩'으로 번역된 히브리어 '코데쉬'(kodesh)는 '잘라냄', '분리함'을 의미하는 말로 '더러움과 분리된 상태'를 말한다. 원래 '거룩함'은 하나님께만 있는 성품으로, 하나님이 죄로 오염된 피조물과 완전히 구별되심을 의미한다. 하나님은 자신을 거룩한 분이라고 말씀하신다. "버러지 같은 너 야곱아, 너희 이스라엘 사람들아 두려워하지 말라 나 여호와가 말하노니 내가 너를 도울 것이라 네 구속자는 이스라엘의 거룩한 자니라"(사 41:14). 그래서 이스라엘 백성은 하나님을 '이스라엘의 거룩한 자'라고 부른다. 성전에서 일 년에 한 번 희생제물을 드리는 제사장은 머리에 관을 쓰고 제사를 드렸다. 그 관에는 '여호와께 성결'(출 28:36)이라는 히브리어가 적혀 있었다.

이렇게 거룩하신 하나님께 나아가는 이스라엘 백성이 거룩한 몸으로 나아가는 훈련을 받는 곳이 바로 광야다. 이렇듯 광야는 우리 영혼에 참으로 귀중한 것을 가르쳐 주는 곳이기 때문에 보배로운 장소다. 또한 이 광야는 인간에게 무엇이 더 중요하고 무엇이 덜 중요한 것인지를 가르쳐 주는 곳이다. 풀 한 포기 자라지 못하는 광야에서 이스라엘 백성이 먹을 것이 없다고 하나님께 부르짖자 하나님은 하늘에서 비가 내리듯 만나를 내려 주셨다. 또 마실 물이 없다고 부르짖자 바위에서 생수를 주셨다. 고기가 먹고 싶다고 부르짖을 때는 메추라기를 보내 주셨다.

이와 같이 하나님은 광야는 인간 혼자서는 살 수 없는 고통의 장소지만, 하나님이 함께하시면 은혜의 장소가 된다는 것을 이스라엘 백성에게 가르쳐 주셨다. 하나님은 광야라는 환경을 바라보면 불평과 원망과 절망을 하게 되지만, 전능하신 하나님을 바라보면 은혜의 광야가 된다는 것을 이스라엘 백성에게 가르쳐 주시기 위해 그들을 광야로 이끄셨다.

광야에서 광야의 악조건만을 보는 사람은 위기의 순간에 절망을 택하는 사람이요, 하나님의 얼굴을 바라보는 사람은 하나님의 은혜를 택하는 사람이다. 하나님은 예수님을 구세주로 믿는 성도들에게는 고통의 환경을 소망의 환경으로 바꾸어 주신다(시 91편). 하나님은 이 중요한 진리를 이스라엘 백성에게 가르쳐 주시기 위해 그들을 광야로 이끄셨다.

그러나 이스라엘 백성은 은혜와 사랑이 충만하신 하나님의 얼굴을 바라보지 않고, 광야라는 환경만을 바라보며 좌절하고 울부짖었다. 그들은 미지가 주는 불확실성과 광야라는 환경으로부터 오는 두려움 뒤에 계시면서 "하나님이 이르시되 그가 나를 사랑한즉 내가 그를 건지리라 그가 내 이름을 안즉 내가 그를 높이리라 그가 내게 간구하리니 내가 그에게 응답하리라 그들이 환난당할 때에 내가 그와 함께하여 그를 건지고 영화롭게 하리라"(시 91:14~15)라고 말씀하시는 하나님을 바라보지 않았다.

이스라엘 백성이 계속해서 하나님의 은혜를 구하지 않고, 인간의 방법으로 광야를 벗어 나려고 하자 하나님은 그들을 40년 동안 광야생활을 하게 하셨다. 그러나 이스라엘 백성은 버려야 할 것을 버리도록 훈련시키시는 하나님의 뜻에 불순종했다. 결국 하나님은 그들을 40년이라는 광야 방랑생활을 통해 훈련시키신 후에야 비로소 가나안 땅이 보이는 바란 광야에 도착하게 하셨다.

사탄은 두려움을 통해 성도를 공격한다

가나안 땅에 살고 있는 헷 족속, 기르가스 족속, 아모리 족속, 가나안 족속, 브리스 족속, 히위 족속, 여부스 족속들을 대항해 싸워 가나안 땅을 점령하기 위해서는 가나안 땅의 지형과 여러 족속의 경비 상태를 파악해야 한다. 모세는 이를 위해 각 지파에서 한 명씩 뽑아 열두 명의 정탐꾼을 가나안 땅에 보냈다.

열두 명의 정탐꾼이 돌아와 보고한 내용은 두 가지였다. "당신이 우리를 보낸 땅에 간즉 과연 그 땅에 젖과 꿀이 흐르는데 이것은 그 땅의 과일이니이다"(민 13:27). 이 보고를 들은 이스라엘 백성은 드디어 고생이 끝났다고 생각했다. 그러나 이어 열 명의 정탐꾼은 부정적인 보고를 했고, 여호수아와 갈렙만이 긍정적 보고를 했다. 열 명의 정탐꾼은 "이스라엘 자손 앞에서 그 정탐한 땅을 악평하여 이르되 우리가 두루 다니며 정탐한 땅은 그 거주민을 삼키는 땅이요 거기서 본 모든 백성은 신장이 장대한 자들이며 거기서 네피림 후손인 아낙 자손의 거인들을 보았나니 우리는 스스로 보기에도 메뚜기 같으니 그들이 보기에도 그와 같았을 것이니라"(민 13:32~33)라는 부정적인 말을 했다.

이 부정적 악평을 들은 이스라엘 백성은 밤새도록 소리를 높여 통곡하며 부르짖었다. "이스라엘 자손이 다 모세와 아론을 원망하며 온 회중이 그들에게 이르되 우리가 애굽 땅에서 죽었거나 이 광야에서 죽었으면 좋았을 것을 어찌하여 여호와가 우리를 그 땅으로 인도하여 네피림 족의 칼에 쓰러지게 하려 하는가 우리 처자가 사로잡히리니 애굽으로 돌아가는 것이 낫지 아니하랴"(민 14:1~3)라고 하나님과 모세와 아론을 향해 원망과 불평을 늘어놓았다.

광야생활을 한 이스라엘 백성은 고난의 환경을 보는 데 익숙했기에 여호수아와 갈렙의 긍정적 보고보다는 열 명의 부정적 보고를 더 믿었다. 그리고 그들은 곧 절망에 빠져 아우성을 치고 통곡했다.

모세와 아론을 원망하면서 그들은 다음과 같이 소리 질렀다. "차라리 우리가 애굽에서 죽었더라면 좋았을 것을, 아니 이 광야에서 죽었더라면 좋았을 것을, 하나님은 어찌하여 우리를 이리로 데려다가 칼에 맞아 죽게 하는가? 아내와 어린 것들이 적에게 붙잡혀 죽게 하는가?"

열 명의 부정적인 보고로 인해 '자기들과 자녀들이 가나안 땅에 사는 네피림 족의 칼에 죽게 되나 않을까?' 하는 근심과 걱정과 두려움이 전염병과 같이 급속히 퍼져 나갔다. 이스라엘 백성은 '애굽으로 돌아가는 길밖에 없다'라고 고함치면서 다른 지도자를 뽑아 애굽으로 돌아가자고 상의하기 시작했다. 그들의 이런 모습을 본 여호수아와 갈렙은 "여호와께서 우리를 기뻐하시면 우리를 그 땅으로 인도하여 들이시고 그 땅을 우리에게 주시리라 이는 과연 젖과 꿀이 흐르는 땅이니라 다만 여호와를 거역하지는 말라 그들은 우리의 먹이라 그들의 보호자는 그들에게서 떠났고 여호와는 우리와 함께하시느니라 그들을 두려워하지 말라"(민 14:8~9)라고 만류했다.

이 장면은 사탄이 열 명의 정탐꾼에게 '거짓말하는 영'을 주어 하나님이 가나안 땅에서 이스라엘 백성을 통해 이루시려고 그분의 계획과 뜻을 방해하고 있는 장면이다. 걱정과 근심과 두려움은 마귀 사탄의 운동장이다. 마귀 사탄은 열 명에게 '거짓말하는 영'을 주어 거짓 보고를 하게 하고 이 거짓 보고를 들은 이스라엘 백성의 마음에 근심과 걱정과 두려움을 넣어 주었다. 그리고 근심하고 걱정하고 두려워하는 이스라엘 백성과 함께 뛰놀면서 그들을 공격했다. 사탄이 주는 근심과 걱정에서 오는 두려움은 사람의 뼈를 마르게(잠 17:22) 하는 암과 같은 무서운 독침이다.

이스라엘 백성은 영안이 가려져 이 열 명의 정탐꾼이 하는 보고가 사람이 하는 보고인지 사탄이 하는 보고인지를 분별하지 못했고, 네피림 민족의 칼에 죽는 두려움만을 생각해 원망하고 불평했다. 그들은 40년 동안 아무것도 없는 광야에서 자기들을 먹여 주시고, 갈증을 풀어 주시고, 옷과 신발이 해어지지 않게 하신 전능하신 하나님을 아직도 깨닫지 못했다. 바로 이때 하나님은 크게 진노하시면서 다음과 같이 선언하신다.

"여호와께서 모세에게 이르시되 이 백성이 어느 때까지 나를 멸시하겠느냐 내가 그들 중에 많은 이적을 행하였으나 어느 때까지 나를 믿지 않겠느냐, 내 영광과 애굽과 광야에서 행한 내 이적을 보고서도 이같이 열 번이나 나를 시험하고 내 목소리를 청종하지 아니한 그 사람들은 내가 그들의 조상들에게 맹세한 땅을 결단코 보지 못할 것이요 또 나를 멸시하는 사람은 한 사람도 그것을 보지 못하리라 그러나 내 종 갈렙은 그 마음이 그들과 달라서 나를 온전히 따랐은즉 그가 갔던 땅으로 내가 그를 인도하여 들이리니 그의 자손이 그 땅을 차지하리라"(민 14:11, 22~24).

하나님은 하나님을 믿지 못한 백성을 책망하시고, 하나님을 온전히 믿고 긍정적 보고를 한 갈렙의 후손에게는 복을 약속하셨다.

우리는 신앙생활을 하다가 어려운 일을 만나면 고통과 두려움 뒤에서 우리를 아름다운 믿음의 조각품으로 만드시려고 '정과 망치'로 우리의 믿음을 조각하고 계시는 하나님을 보지 않고, 우리에게 주어진 고통이라는 환경만 보고 '왜 나에게 이런 고통이 있어야 하나?', '왜 나는 다른 사람들처럼 행복하게 살도록 해 주시지 않나?' 하며 광야의 이스라엘 백성처럼 하나님께 원망과 불평을 할 때가 많다.

과거의 삶을 그리워하는 그리스도인의 삶

이스라엘 백성이 하나님을 원망할 때마다 애굽을 그리워한 까닭은 무엇일까?

하나님이 마련하신 젖과 꿀이 흐르는 축복의 땅인 가나안 땅에 들어가는 것과 자유인의 삶을 포기하고, 다시 노예생활로 돌아가겠다는 것은 무엇을 의미할까?

애굽은 세속 문화를 의미한다. 그리스도인들 중에는 신앙생활을 하다 세속 문화에 미혹돼 다시 세상으로 돌아가는 경우가 적지 않다. 사람들은 지나간 날들의 향수를 느끼며 과거를 그리워한다.

이스라엘 백성이 그리워한 것은 옛 애굽에서의 삶이었다. "그들 중에 섞여 사는 다른 인종들이 탐욕을 품으매 이스라엘 자손도 다시 울며 이르되 누가 우리에게 고기를 주어 먹게 하랴 우리가 애굽에 있을 때에는 값없이 생선과 오이와 참외와

부추와 파와 마늘들을 먹은 것이 생각나거늘 이제는 우리의 기력이 다하여 이 만나 외에는 보이는 것이 아무것도 없도다 하니"(민 11:4~6).

하나님께 먹을 빵이 없다고 반항하고, 마실 물이 없다고 반항하며, 고기가 먹고 싶다고 반항하는 이스라엘 백성은 하나님이 베푸신 기사와 이적으로 살아왔음에도 이와 같이 열 번이나 하나님을 믿지 않았다. 우리는 사회생활을 할 때 내 말을 계속해서 믿지 않는 친구는 더 이상 친구로 사귈 수가 없다. 하나님도 하나님을 믿지 아니하고 열 번이나 거역하는 이스라엘 백성에게 "여호와께서 모세에게 이르시되 이 백성이 어느 때까지 나를 멸시하겠느냐 내가 그들 중에 많은 이적을 행하였으나 어느 때까지 나를 믿지 아니하겠느냐?"(민 14:11)라고 말씀하셨다. '여호와께서 모세에게 이르시되 이 백성이 어느 때까지 나를 멸시하겠느냐?'는 말씀은 성도들이 마음 깊이 새겨야 한다. 하나님의 은혜를 체험하고서도 하나님을 믿지 않는 것은 하나님을 멸시하는 것이기 때문이다.

무엇이 이스라엘 백성으로 하여금 이적을 행하신 하나님을 믿지 않고 멸시하게 했는가? 430년 동안 애굽 문화에 젖어 있는 이스라엘 백성을 자유인으로 만들기 위해 하나님이 이끄신 광야는 이스라엘 백성에게는 힘들고, 불안하고, 두려운 세계다. 그래서 그들에게는 자유인이 되기 위한 광야의 삶보다는 익숙한 애굽의 노예생활이 좋게 보였을 것이다.

이런 이스라엘 백성의 모습은 바로 우리의 모습이다. 교회에 나가면 담배를 끊어야 한다, 술을 끊어야 한다, 화투를 쳐서는 안 된다, 세상 사람들과 어울려 놀아서는 안 된다, 등의 제약 때문에 교회보다는 세상을 더 사랑하고 세상으로 나가는 교인들이 적지 않다.

대부분의 사람들은 변화를 두려워한다. 지금까지 살아온 생활 습관에 익숙하기 때문에 앞에 더 좋은 삶이 있다고 말해도 두려운 미래보다는 안정적인 현재에 안주하려고 한다. 광야를 통과하는 동안 몸으로 겪게 되는 고통과 두려움이 싫어 다시 애굽의 노예로 돌아가겠다고 아우성치는 이스라엘 백성이 바로 우리의 모습인 것이다.

이스라엘 백성이 하나님의 이적을 체험하고도 열 번이나 하나님을 반역한 근본적 이유는 불확실한 미래에 대한 두려움 때문이었다. 사탄은 미래에 대한 두려움을 가지고 이스라엘 백성으로 하여금 하나님의 뜻을 거역하게 하고, 하나님께 반항하도록 유도했다. 결국 이로 인해 하나님은 이스라엘 백성에게 진노하셨다.

"너희 시체가 이 광야에 엎드러질 것이라 너희 중에서 이십 세 이상으로서 계수된 자 곧 나를 원망한 자 전부가 여분네의 아들 갈렙과 눈의 아들 여호수아 외에는 내가 맹세하여 너희에게 살게 하리라 한 땅에 결단코 들어가지 못하리라 너희가 사로잡히겠다고 말하던 너희의 유아들은 내가 인도하여 들이니 그들은 너희가 싫어하던 땅을 보려니와 너희 시체는 이 광야에 엎드러질 것이요 너희 자녀들은 너희 반역한 죄를 지고 너희 시체가 광야에서 소멸되기까지 사십 년을 광야에서 방황하는 자가 되리라"(민 14:29~33).

하나님은 그분을 원망하고 불평한 이스라엘 백성에게 저주하셨는데, 장년들은 광야에서 죽게 되며, 이십 세 미만의 아이들은 40년 동안 광야에서 방황할 것이라고 하셨다.

우리는 이 사건에서 무엇을 배워야 하는가? 사탄이 이스라엘 백성을 두려움으로 미혹하고 충동함으로 하나님을 거역하게 해, 결국 그들을 하나님의 약속의 땅에 들어가지 못하게 하고 광야에서 죽게 했다는 사실이다.

사탄이 거짓 보고를 한 열 명의 정탐꾼의 거짓말을 통해 "도둑이 오는 것은 도둑질하고 죽이고 멸망시키려는 것뿐이요 내가 온 것은 양으로 생명을 얻게 하고 더 풍성히 얻게 하려는 것이라"(요 10:10)는 말씀과 같이 역사했음을 볼 수 있다.

사탄이 성도를 공격하는 광야

광야는 하나님 백성의 믿음을 훈련시키는 장소이기도 하지만 동시에 사탄이 하나님의 백성을 미혹하는 장소이기도 하다. 이 광야에서 하나님의 백성은 하나님의 말씀을 듣기도 하고 사탄의 미혹의 말을 듣기도 한다. 인간이 인간의 길을 가도록 훈련시키는 것이 하나님의 뜻이다. 그러나 사탄은 인간이 사탄의 길을 걸어가도 된다고 미혹한다. 그리고 결국 인간을 파멸로 이끈다.

하나님은 광야에서 인간에게 생명을 풍성하게 주시려고 훈련시키시지만, 사탄은 우리를 파멸로 이끌기 때문에 현재 눈앞에 보이는 것들이 유익해 보일지 몰라도 그것을 따르면 결국에는 멸망에 이르게 된다. 하나님이 주시는 시험은 생명으로 이끌기 때문에 현재는 고통과 암흑이 보일지라도 하나님이 내 영혼을 강건하게 훈련시키고 있는 중이라고 믿고, 소망으로 인내하며 광야 길을 통과해야 한다. 성도들은 하나님 말씀에 'Yes'가 마귀에게는 'No'이고, 하나님 말씀에 'No'가 사탄에게는 'Yes' 임을 알고 성숙한 믿음을 갖고 광야를 통과해야 한다.

하나님이 그분의 백성으로 하여금 광야 길을 걷게 하시는 이유는 그분의 백성을 불 같은 광야에 던져 은같이 연단하며, 금 같은 시험을 통해(슥 13:9) 선악을 분별하는 자들이 되게 해(히 5:14), 예수 그리스도께서 오실 때에 칭찬과 영광과 존귀를 얻게 하시려고(벧전 1:7) 훈련시키시는 것이다.

성도들에게 광야는 하나님이 약속하신 축복의 땅으로 들어가는 통로며, 예수님을 따라가는 자로서 자기를 부인하고 짊어져야 할 십자가요(마 16:24), 은혜의 십자가며, 구원의 십자가다(고전 1:18).

그런데 사탄이 성도가 짊어지고 있는 광야의 십자가를 이용해 강력하게 공격하는 무기가 바로 '두려움'이다. 이 '두려움'은 에덴동산의 아담과 하와가 마귀의 말을 듣고, 하나님 말씀에 불순종해 선악과를 따먹은 후 인간에게 들어왔다.

욥기는 욥에 대해 이렇게 소개한다. "우스 땅에 욥이라 이름 하는 사람이 있었는데 그 사람은 순전(純全)하고 정직하여 악에서 떠난 자더라"(욥 1:1). 이렇게 '순전하고 정직하며 악에서 떠난' 욥이 마귀의 시험을 받아 모든 재산과 자녀를 잃자, 한탄하며 "나의 두려워하는 그것이 내게 임하고 나의 무서워하는 그것이 내 몸에 미쳤구나"(욥 3:25)라고 말했다. 개역개정 성경에는 '나의 두려워하는 그것, 나의 무서워하는 그것'이 현재형으로 번역돼 있는데, 영어성경에는 'What I feared, what I dreaded'라며 과거형으로 번역돼 있다. 욥은 현재에만 두려워하고 무서워한 것이 아니라 과거에서부터 지금까지 재산을 잃을까 봐, 자식들이 죽을까 봐 두려워하고 무서워하며 살아온 것이다. 이렇게 순전하고 정직하며 악에서 떠난 욥이 왜 두려워하며 살았을까?

어느 날 천상회의가 소집되었다. 이 회의에는 하나님과 하나님의 아들들과 사탄도 참석했다. 하나님은 사탄에게 "네가 내 종 욥을 주의하여 보았느냐 그와 같이 온전하고 정직하여 하나님을 경외하며 악에서 떠난 자는 세상에 없느니라"(욥 1:8)라고 말씀하셨고, 사탄은 "욥이 어찌 까닭 없이 하나님을 경외하리까 주께서 그와 그 집과 그의 모든 소유물을 울타리로 두르심 때문이 아니니까 주께서 그의 손으로 하는 바를 복되게 하사 그의 소유물이 땅에 넘치게 하셨음이니이다 이제 주의 손을 펴서 그의 모든 소유물을 치소서 그리하시면 틀림없이 주를 향하여 욕하지 않겠나이까"(욥 1:9~11)라며 욥을 고소했다.

그렇다면 사탄은 왜 하나님께 욥을 이렇게 고소했을까? 욥기 3장 25절 말씀처럼 사탄은 이미 욥에게 두려움이 있다는 것을 알고 있었다. 그래서 하나님께 고소한 것이다.

사탄은 하나님의 허락을 받아 하루아침에 욥의 모든 재산을 빼앗아 갔을 뿐만 아니라 욥의 일곱 아들과 세 딸도 빼앗아 갔다. 그러나 욥은 믿음을 잃지 않고 "주신 이도 여호와시오 거두신 이도 여호와시오니 여호와의 이름이 찬송을 받으실지니이다 하고 이 모든 일에 욥이 범죄하지 아니하고 하나님을 향하여 원망하지 아니 하니라"(욥 1:21~22)라고 믿음을 굳게 지켰다.

사탄이 하나님께 욥의 자녀들과 재산을 치면 욥이 분명 하나님을 욕할 것이라고 참소했지만, 욥은 자녀와 재산을 잃고서도 믿음을 지킨 것이다. 이에 하나님은 사탄에게 "그와 같이 온전하고 정직하여 하나님을 경외하며 악에서 떠난 자가 세상에 없느니라 네가 나를 충동하여 까닭 없이 그를 치게 하였어도 그가 여전히 자기의 온전함을 굳게 지켰느니라"(욥 2:3)라고 말씀하셨다.

그러자 사탄은 다시 하나님께 "이제 주의 손을 펴서 그의 뼈와 살을 치소서 그리하시면 틀림없이 주를 향하여 욕하지 않겠나이까"(욥 2:5)라고 했고, 하나님은 "사탄에게 이르시되 내가 그를 네 손에 맡기노라 다만 그의 생명은 해하지 말지니라"(욥 2:6)라고 사탄에게 더 큰 고통으로 욥을 시험하도록 허락하셨다.

사탄이 준 피부병으로 발바닥에서 정수리까지 종기가 난 욥이 질그릇 조각으로 몸을 긁고 있을 때, 욥의 아내는 "당신이 그래도 자기의 온전함을 굳게 지키느냐 하나님을 욕하고 죽으라"(욥 2:9)라고 말했다.

사탄이 욥을 고소하면서 말한 "그의 모든 소유물을 치소서 그리하시면 틀림없이 주를 향하여 욕할 것입니다"라는 말은 욥에게서는 나오지 않았다. 하지만 모든 자녀와 재산도 잃고 피부병으로 고통 받고 있는 욥을 본 그의 아내가 한 "당신이 그래도 자기의 온전함을 굳게 지키느냐 하나님을 욕하고 죽으라"는 말은 "틀림없이 주를 향하여 욕하리이다"라는 사탄의 말을 반절은 이룬 것이다.

그러나 욥은 시험 당했을 때, "이 모든 일에 욥이 범죄하지 아니하고 하나님을 향하여 원망하지 아니하니라"(욥 1:22)라는 말씀처럼 원망과 불평의 부정적인 말을 하지 않음으로써 믿음을 지킬 수 있었다.

성경은 욥이 자기의 믿음을 굳게 지켜 "욥의 곤경을 돌이키시고 여호와께서 욥에게 이전 모든 소유보다 갑절이나 주셨다"(욥 42:10)라고 말한다. 만약 성도가 광야의 시험을 이기지 못하면 성도는 그 시험을 이길 때까지 반복해서 시험을 당하게 된다. 하지만 욥과 같이 믿음으로 시험을 이기는 사람은 "그러나 내가 가는 길을 그가 아시나니 그가 나를 단련하신 후에는 내가 순금같이 되어 나오리라"(욥 23:10)라는 하나님의 축복을 받는다.

욥에 대한 사탄의 고소는 욥을 파멸시키고 하나님의 뜻을 훼방하는 목적이 있음을 암시한다. 이와 같이 사탄은 항상 성도의 허물을 하나님께 참소함으로써 하나님과 성도 사이를 이

간한다. 이 이야기는 "도둑이 오는 것은 도둑질하고 죽이고 멸망시키려는 것뿐이요"(요 10:10)라는 말씀을 증거하는 예다.

요한일서 4장 18절은 "사랑 안에 두려움이 없고 온전한 사랑이 두려움을 내어 쫓나니 두려움에는 형벌이 있음이라 두려워하는 자는 사랑 안에서 온전히 이루지 못하였느니라"라고 말씀한다. 두려움에는 형벌이 따른다는 것은 암을 두려워하면 암이 형벌로 오고, 가난을 두려워하면 가난이 형벌로 오고, 사업이 망할까 두려워하면 사업이 망하는 형벌이 온다는 의미다.

그러므로 성도는 항상 두려움 없는 신앙생활을 해야 한다. 하나님을 믿는다고 하면서도 마음 한구석에 의심이나 두려움을 갖고 있으면 반드시 사탄은 이것을 빌미로 하나님께 참소해 우리에게 큰 시험거리를 가져다준다.

하루는 예수님이 어느 마을을 지나가시는데 야이로라 하는 회당장이 예수님께 나아와 자기 딸이 죽게 됐으니 딸을 살려 달라고 간청했다. 그래서 예수님이 야이로의 집으로 가고 있었다.

이때 열두 해 동안 혈루증을 앓고 있던 한 여인이 예수님께 왔다. 이 여인은 혈루증을 치료하기 위해 온갖 치료를 다 받았지만 허사였다. 예수님께 가면 혈루증을 고칠 수 있다는 사람들의 말을 듣고 예수님을 찾아온 것이다. 그러나 혈루증은 부정하기 때문에 사람들 가까이 가지 못하고, 몰래 예수님 뒤에서 예수님의 옷자락을 가만히 만졌다. 그랬더니 기적이 일어났다. 혈루증이 씻은 듯이 나은 것이다.

예수님은 그분의 몸에서 능력이 나간 것을 아시고 "누가 내 옷에 손을 대었느냐?"라고 물으셨다. 제자들이 "선생님, 사람들이 많이 옹위하고 있으므로 우연히 선생님의 옷에 손을 댔을 것입니다"라고 했다. 예수님이 "아니다, 누군가가 내 옷에 손을 댄 것이 분명하다"라고 말씀하실 때 혈루증이 나은 여인이 예수님 앞으로 나아와 자신이 예수님의 옷에 손을 댔고, 혈루증이 나았다고 고백했다.

이런 대화를 하던 중에 야이로의 집에서 한 하인이 달려와 야이로에게 "회당장님, 딸이 죽었습니다. 그러므로 예수님을 집으로 초대할 필요가 없습니다"라고 전했다. 이를 들은 예수님은 야이로에게 '두려워하지 말고 믿기만 하라'(막 5:36)고 말씀하셨다.

예수님이 말씀하신 '두려워하지 말고'란 무슨 의미일까? 창세기 3장에서 아담과 하와는 하나님이 먹지 말라고 말씀하신 선악과를 따먹고 하나님의 낯을 피해 숨었다. 아담과 하와가 숨자 하나님은 아담과 하와를 찾으셨고, 아담과 하와는 하나님께 "내가 동산에서 하나님의 소리를 듣고 내가 벗었으므로 두려워하여 숨었나이다"(창 3:10)라고 말했다.

아담은 무엇 때문에 두려워했을까? 사탄이 사람으로 하여금 죄를 짓게 하고 죄의 종으로 만들기 위해 사람에게 주는 세 가지가 있다. 의심과 두려움과 분열이다. 이처럼 사탄은 사람이 죄를 지으면 자신의 속성 중의 하나인 '두려움'으로 사람을 묶어 죄의 종으로 부린다.

"예수께서 대답하시되 진실로 진실로 너희에게 이르노니 죄를 범하는 자마다 죄의 종이니라"(요 8:34).

사람은 죄를 짓는 순간 죄의 종이 되기 때문에 죄로부터 '두려움'을 받는다. 하나님을 믿는 성도일지라도 죄를 지으면 죄의 종이 돼 두려워하는 사람이 된다. 사탄은 죄를 짓지 않은 사람을 공격할 때도 보통 이 '두려움'을 가지고 공격하는 경우가 많다.

구 소비에트 연방의 국가수반이었던 스탈린(Joseph Stalin, 1879~1953)은 암살자에 의해 죽게 될까 봐 두려워 암살자가 접근해 오지 못하도록 50만 평방미터의 넓고 울창한 숲속에 비밀 별장을 지었다. 이 비밀 별장에 가려면 꽈배기 모양의 도로와 복잡한 미로를 시속 40킬로미터 속도로 지나야 도착할 수 있게 설계했다. 한번 길을 잘못 들면 엉뚱한 곳으로 가도록 설계했기 때문에 스탈린은 자기를 암살할 자가 이곳에는 절대로 오지 못하리라고 믿었다. 그러나 스탈린이 심장질환으로 의식을 잃고 쓰러졌을 때 그의 경호원과 의사들이 숲속 길을 통과하는 데 많은 시간을 허비해 치료할 골든 타임을 놓쳐 스탈린은 1953년 3월 5일 심장병으로 사망했다.

스탈린이 사망한 원인은 심장병이 아니라 '죽음이라는 두려움'이었다. 하나님이 심판 날에 행하실 말씀과 같이 스탈린의 죽음은 "땅의 주민아 두려움과 함정과 올무가 네게 이르렀나니 두려운 소리로 말미암아 도망하는 자는 함정에 빠지겠고 함정 속에서 올라오는 자는 올무에 걸려"(사 24:17~18) 죽은 죽음이다. 스탈린의 죽음은 "마치 사람이 사자를 피하다가 곰을 만나거나 혹은 집에 들어가서 손을 벽에 대었다가 뱀에게 물림같이"(암 5:19) 죽음을 두려워하다가 자기 무덤을 판 경우에 해당한다.

그렇다면 사람은 왜 두려워할까? 사람은 소망하는 대로 되지 않을까 하는 불확실성 때문에 두려워한다. 하나님은 우리에게 "너희는 마음에 근심하지도 말고 두려워하지도 말라"(요 14:27)라고 말씀하시면서 또 "너희 믿음대로 되리라"(마 8:13)라고 말씀하신다. 그러나 사탄은 성도들에게 의심과 두려움으로 공격하면서 믿음대로 되지 않는다고 거짓말로 속삭인다. 그래서 예수님께서는 야이로에게 '사탄이 공격하는 두려움에 겁먹지 말고 하나님의 능력을 믿으면 네 믿음대로 된다'는 의미로 "두려워 말고 믿기만 하라"고 하셨다.

존 스토트(John R. W. Stott) 목사는 『기독교의 기본 진리』이라는 책에서 전능하신 하나님을 믿으면서도 마음에 염려와 근심과 두려움이 있는 사람에 대해 다음과 같이 말한다.

"하나님을 '아버지'라고 부르면서도 염려와 의심으로 가득 차 있는 것은 그분의 이름을 부인하는 것이다. 하나님의 이름을 망령되게 부르는 것은 말과 행동이 다른 것이다. 이것은 위선이다."

기독교의 믿음은 선택이다. 믿음의 훈련장인 광야에 서 있는 성도가 긍정의 길을 선택하느냐, 또는 부정의 길을 선택하느냐 하는 것은 오로지 성도의 선택에 달려 있다. 두려움이라는 부정의 길을 선택한 사람은 파멸의 길로 가는 사람이요, 소망이라는 긍정의 길을 선택한 사람은 소망의 기쁨을 얻는 길로 가는 사람이다.

랍비 아키바는 탈무드에 나오는 인물 중 가장 존경받는 랍비다. 또한 그는 유대 민족의 영웅이기도 하다. 그는 젊은 시절 큰 부잣집에서 양치기로 일했다. 그러던 중 그 집 딸과 사랑하는 사이가 돼 여자의 아버지 반대를 무릅쓰고 결혼했다. 딸은 결국 집에서 내 쫓기는 신세가 됐다. 아키바는 집이 가난해 학교에 가지 못했기 때문에 읽고 쓰는 것을 제대로 하지 못했다. 그래서 아내는 늘 남편에게 공부할 것을 권유했고, 아키바는 아내의 도움으로 늦게나마 학교에 다니게 됐다.

13년 동안의 학교 공부를 마쳤을 때, 그는 이미 당대의 우수한 학자로서 명성을 떨치고 있었다. 후에 그는 최초의 탈무드 편집자가 됐으며, 의학과 천문학에도 조예가 깊었다. 뿐만 아니라 외국어를 잘해 수차례 유대인 사절로 로마까지 갔다. 그리고 주후 132년에 유대인들이 로마의 지배에서 벗어 나려고 반란을 일으켰을 때, 그는 유대인들의 정신적인 지도자가 됐다. 로마는 이 반란을 진압한 후 학문을 하는 유대인은 누구나 사형에 처한다고 공포(公布)했다. 그들은 유대인들이 책을 통해 뛰어난 민족이 됐다는 사실에 두려움을 느꼈던 것이다. 이때 아키바는 다음과 같은 여우 이야기를 들려주었다.

어느 날 여우가 시냇가를 걷고 있는데 물고기가 급하게 헤엄치고 있었다.
"왜 그렇게 급히 헤엄치고 있는 거지?"
여우가 물고기에게 물었다.
"우리를 잡으러 올 그물이 무서워서 그러는 거예요."
"그러면 이리로 나오렴. 언덕으로 올라오면 내가 지켜 줄 테니 안심해도 될 거야."
"여우 아저씨, 당신은 머리가 좋다고 들었는데 그렇지 않군요. 우리가 지금까지 살아온 물속에서도 이렇게 두려운데, 언덕으로 올라가면 무슨 변을 당하려고요."

아키바는 유대인에게 학문은 물과 같은 것이어서 그것을 떠나면 죽게 될 것이니, 유대인이라면 어떻게 해서든지 배우라고 말했다.

결국 아키바는 로마인들에게 체포돼 감옥에 갇혔다가 처형되기로 확정됐다. 그때 로마인들은 그를 십자가에 매달아 죽이는 것보다 훨씬 더 혹독하게 죽여야 한다며 불에 달군 인두로 온 몸을 지져서 죽이기로 했다. 아키바는 유대인의 지도자였기 때문에 처형이 집행되는 날 로마 사령관까지 현장에 입회했다. 마침 아침 해가 떠올라 아침기도를 드릴 시간이었다. 아키바는 시뻘겋게 달군 인두로 몸을 지지는데도 기도문을 외우기 시작했다. 이 광경을 본 로마 사령관은 눈을 휘둥그렇게 뜨고 아키바에게 물었다.

"그대는 이렇게 심한 고통을 받으면서도 기도를 하는가?"

그러자 아키바는 대답했다.

"나는 하나님을 사랑하고 있기 때문에 아침 기도를 빠뜨리지 않는다. 지금 이렇게 죽음 앞에서 기도하는 나 자신에게서 진정으로 하나님을 사랑하고 있음을 깨달으니 정말 기쁘다."

이렇게 말을 마친 랍비 아키바의 생명의 등불이 꺼졌다.

랍비 아키바는 시뻘겋게 달군 인두로 온 몸을 지지는 고문과 죽음 앞에서도 하나님을 향한 기도를 할 수 있는 믿음의 사람이었다.

나는 40여 년 전 12월, 영하 15.6도나 되는 추운 겨울 밤 12시가 지난 한밤중에 삼각산에서 아내와 함께 40일 작정기도를 한 적이 있다. 눈이 4.5센티미터 정도 내려서 밤에도 온 세상이 희게 보였다. 나와 아내는 서로 기도 소리에 방해가 되지 않도록 떨어져서 한참 기도를 했다. 그런데 그때 멀리서 나무 다발을 질질 끌고 내가 기도하는 쪽으로 걸어오는 소리가 들려왔는데, 그 소리가 점점 가까이 들려왔다. 매섭게 추운 겨울 한밤중에 산에 사람이 올 리도 없을 테고, 더군다나 눈이 와서 미끄러워 산길을 걸어다닐 수도 없을 텐데 누가 왔을까? 하는 생각때문에 집중해서 기도가 되지 않았다. 나무다발을 끄는 소리가 가까이 오더니 갑자기 내 뒤에서 멈추는데, 혹한 추위 속에서도 머리가 쭈뼛쭈뼛 서고 등에서 식은땀이 흘렀다. 나는 난생처음으로 하는 산기도였기 때문에 당황했고 두려웠다.

나중에 안 사실이지만, 우리 부부가 처음으로 산기도 하는 것을 안 사탄은 우리 부부가 기도하지 못하도록 기도 시간에 사람이 나무 다발을 끌고 오는 소리를 내어 우리를 두려움으로 공격한 것이었다. 그러나 마귀 사탄이 나무 다발을 끌고 오는 소리의 두려움으로 공격할 때 나는 "마귀를 대적하라 그리하면 너희를 피하리라"(약 4:7)는 말씀을 생각해 '나사렛 예수 그리스도의 이름으로 명하노니 마귀 사탄아 물러가라!'라고 외쳐 사탄을 물리쳤다.

또 하나의 이야기가 있다. 나와 아내는 새벽기도 때문에 일찍 취침한다. 하루는 취침기도를 끝내고 아내와 누워서 하루 일을 이야기하던 중 갑자기 아내가 '우리 어떻게 살지?'라고 물었다. 아내 말은 '슬하에 자식이 없는 집은 울타리가 없는 집같이 허전해 쓸쓸하고 외로운데 어떻게 사느냐?'는 의미였다. 이때 아내는 거의 40년 가까이 매일 새벽 2시부터 4시 반까지 2시간 반 동안 기도하고, 낮에도 매일 가정예배를 드리며 하늘나라에 초점을 맞춘 생활을 해 왔다. 그런 아내의 '우리 어떻게 살지?'라는 질문은 내게 큰 충격이었다.

사탄은 아내의 이런 생각과 말을 통해 즉시 아내에게 우울증이라는 질병을 가져다주었다. 아내는 다음 날부터 식욕이 떨어져 식사를 거의 하지 못했다. 또 밤에는 잠이 오지 않아 뜬 눈으로 밤을 새우는 고통의 날들을 보내야 했다. 뿐만 아니라 가슴이 터질 것 같은 증상이 생겨 예배를 드리다가도 예배를 중단하고, 밤중에도 밖으로 나가야 하는 괴로운 시간들이 계속 됐다. 아내는 잠을 자지 못했기 때문에 새벽기도 시간에도 기도를 거의 하지 못했다. 이에 나는 눈물로 회개하며 아내의 우울증을 치료해 달라고 하나님께 간절히 기도했다. 처가 쪽에 있는 유명한 드라마 작가인 이모 선생도 드라마를 쓰다가 우울증에 걸려 고생한 일이 있었다. 처남은 누나가 우울증으로 고생한다는 말을 듣고 이 선생의 우울증을 치료해 준 의사를 아내에게 소개해 주었다. 우리 부부는 의사에게 진료받을 날을 예약하고 기다리고 있었다.

그러던 어느 토요일, 아내가 욕조 안에서 목욕을 하면서 "하늘에서 단비 내리고 햇빛 찬란함같이 우리 맘에 성령 임하니 주님 보내심이라 주님 주시는 참된 평화가 내 맘 속에 넘치네 주의 말씀에 거센 풍랑도 잠잠하게 되도다"(새 182 / 통 169)라고 흥얼거리면서 이것이 찬송가인지 복음성가인지를 찾아보라고 했다.

1절의 '강물같이 흐르는 기쁨 성령 강림함이라'라고 했으면 더 빨리 알았을 텐데 3절 가사를 말해 한참 동안 찬송가를 뒤져 182장을 찾았다. 아내는 40여 년 전에 방언과 통변과 예언과 영분별과 신유의 은사를 받은 바 있다. 아내는 목욕한 후 이 찬송가를 부르면서 예배를 드리던 중 기도하면서 방언으로 기도하고 통변을 통해 하나님이 "평안을 너희에게 끼치노니 곧 나의 평안을 너희에게 주노라 내가 너희에게 주는 것은 세상이 주는 것과 같지 아니 하니라 너희는 마음에 근심하지도 말고 두려워하지도 말라"(요 14:27)라는 말씀을 주셨다고 했다. 그때 하나님은 아내의 우울증을 깨끗하게 치유해 주셨다. 할렐루야!

이와 같이 기도생활을 하는 사람도 잠시 믿음에서 떠나 하나님을 바라보지 않고, 세상 환경을 바라보고 근심하고 걱정하며 두려움을 가슴에 품고 있으면 사탄은 즉시 이를 틈타 공격한다는 것을 우리 부부는 체험했다.

사탄이 이렇듯 생각을 통해 성도들을 공격할 때 성도들은 하나님이 주신 마귀를 물리치는 능력(눅 10:19)을 의지해 '000으로 공격하는 더러운 마귀 사탄아, 예수 이름으로 명하노니 내게서 태평양 바다로 물러갈지어다!'라고 대적하는(약 4:7) 명령 기도(막 9:25)로 마귀를 물리치면 사탄은 물러가게 돼 있다(약 4:7).

4. 탐욕을 통하여 성도를 공격하는 사탄

"곧 사람의 마음에서 나오는 것은 악한 생각 곧 음란과 도둑질과 살인과 간음과 탐욕과 악독과 속임과 음탕과 질투와 비방과 교만과 우매함이니"(막 7 : 21~22).

기독교의 믿음은 과거와 미래와의 단절이다

어느 날 하나님이 아브라함을 부르셨다. 하나님은 아브라함에게 "너는 너의 고향과 친척과 아버지의 집을 떠나 내가 네게 보여 줄 땅으로 가라"(창 12:1)라고 말씀하셨다. 이때 하나님은 '가라'는 명령어를 사용하셨다.

하나님은 구속사를 이루시기 위해 아브라함이라는 한 인간을 택하셨다. 그리고 그를 믿음의 조상으로 세우기 위해서 믿음의 본을 보여 주셔야만 했다.

그래서 하나님은 아브라함에게 '고향과 친척과 아버지 집을 떠나가라'라고 하셨다. 하나님은 아브라함에게 생명과도 같은 삶의 터전인 고향을 떠나라고 하셨다. 아브라함이 의지하고 살던 친척들을 떠나라고 하셨다. 아브라함에게 생명을 준 부모를 떠나라고 하셨다. 이 말씀은 아브라함이 지금까지 소유하고 의지하며 살았던 모든 것을 버리고 '가라'는 것을 의미한다.

그런데 하나님은 어떤 곳을 확실하게 지정하지 않으시고, '보여 줄 땅'(The land I will show you)이라고 말씀하셨다. 여기서 '보여 주다'의 동사 시제는 현재 보여 주시는 땅도 아니고 과거에 보여 주신 땅도 아닌, 미래에 보여 주실(will show) 땅이다. '보여 줄'이라는 미래 시제는 무엇을 의미할까?

하나님은 믿음이란, 아브라함이 지금까지 소유하고 의지하며 살아왔던 과거의 모든 것을 내려놓고, 오직 하나님 한 분만을 믿고 그분의 말씀에 순종하며 따라가는 삶임을 보여 주시기 위해 "너는 너의 고향과 친척과 아버지의 집을 떠나 내가 네게 보여 줄 땅으로 가라"고 말씀하셨다. 즉 믿음은 과거와의 단절이다.

또 하나님은 아브라함에게 약속하신 아들 이삭을 100세에 주시고 이삭이 나무 짐을 질 수 있는 나이가 됐을 때, 아브라함에게 "네 아들 사랑하는 독자 이삭을 데리고 모리아 땅으로 가서 내가 네게 일러 준 한 산 거기서 그를 번제로 드리라"(창 22:2)라고 하셨다. 여기서도 '가라'라는 명령어를 사용하셨다.

하나님이 아브라함에게 약속하신 아들을 25년 만에 주신 후, 아들 이삭을 하나님이 지시하는 산으로 가서 희생제물로 바치라고 하신 것은 무엇을 의미할까? 아브라함은 하나님의 명령을 받아 아침에 일찍 일어나 나귀에 안장을 지우고 두 종과 아들 이삭을 데리고 번제에 쓸 나무를 쪼개어 이삭에게 지게 했다. 그는 집을 떠나 하나님이 일러 주신 곳으로 가서 제3일에 모리아 땅을 바라봤다. 이 말씀에서 우리가 유의해야 할 몇 가지가 있다.

첫째, 3일 길에서 '3일'은 특별한 의미가 있다. 애굽에서 노예생활을 하던 이스라엘 백성이 바로에게 하나님께 제사드리기 위해 애굽을 떠나 3일 동안 광야 길을 가게 해 달라고 청했다(출 3:18). 애굽을 탈출해 3개월간 걸어 시내 산에 도착했을 때, 하나님은 모세에게 백성을 깨끗하게 준비하시고, 셋째 날을 기다리라고 말씀하셨다. 셋째 날 아침에 우레와 번개와 빽빽한 구름이 산 위에 있고, 나팔 소리가 매우 크게 들려 진중에 있는 모든 백성이 다 두려워 떠는 중에(출 19:16) 하나님이 강림하셨다. 그리고 하나님이 이스라엘 백성에게 십계명을 주심으로 그들과 계약을 맺어, 이스라엘 백성은 하나님의 백성으로 태어나게 됐다. 이것이 시내 산 계약이다(신 5:2).

하나님은 어느 한 민족이나 종파에 국한되시는 제한적인 존재가 아니다. 그러나 편협한 이스라엘 백성은 하나님을 이스라엘 경내에서만 통치하시는 일종의 지방 신으로 전락시키고, 이방 세계에 복을 전달하는 사명(사 42:1)을 망각했다. 이때 하나님은 요나를 부르셔서 그를 니느웨라는 이방 세계 선교사로 택하셨다. 그러나 요나는 하나님 나라의 확장과 수십만 영혼 구원에 대한 하나님의 명령에도 불구하고, 니느웨의 구원을 이스라엘에게 주어진 특권을 상실하는 것으로 생각했다. 요나는 예루살렘이라는 영토를 벗어나면 하나님과의 관계가 단절되는 것으로 알고, 예루살렘으로부터 서쪽으로 3,200킬로미터나 떨어진 다시스로 향하는 배를 탔다.

그러나 우리의 심령을 통찰하시는 하나님(히 4:12)은 강풍을 통해 요나를 바다에 던지시고 큰 물고기를 예비하셨다. 물고기가 요나를 삼켜 그가 밤낮 3일을 물고기 뱃속에 있다 구출된 사건(욘 1:17)은 예수 그리스도의 죽으심과 부활을 예표한다.

무엇보다도 "요나가 밤낮 사흘 동안 큰 물고기 뱃속에 있었던 것같이 인자도 밤낮 사흘 동안 땅 속에 있으리라"(마 12:40)는 말씀처럼 예수님이 인류의 죄를 짊어지고 십자가에 죽으셨다가, 3일 만에 부활하신 사건은 기독교 신앙의 중심사상이 된다.

이렇게 3일이라는 시간은 구속사에서 중대한 사건을 기다리고 준비하는 시간이다. 같은 맥락에서 아브라함이 모리아 땅까지 걸었던 3일도 그를 믿음의 조상으로 만들기 위한 기다림과 준비의 시간이었다.

아브라함이 처음 하란에서 하나님으로부터 '만민의 조상', '복의 통로가 되는 사람'이라는 의미의 이름을 받은 것은 그가 무슨 선한 일을 하거나, 그런 이름을 받을 만한 자격이 있어서 받은 것이 아니다. 사명을 위해 하나님이 아브라함에게 주신 이름이다. "너는 만민의 조상이다"는 말은 다시 말해 '너는 이제부터 만민의 조상으로 살아야 한다'라는 사명을 주셨음을 뜻한다. 마찬가지로 "너는 복의 통로가 되는 사람이다"란 말도 '너는 이제부터 복의 통로가 될 사람으로 살아가야 한다'라는 의미다.

하나님이 아브라함에게 주신 이름은 아브라함에 대한 하나님의 뜻과 계획이며 나아가 꿈이다. 하나님이 아브라함이라는 사람을 통해 하나님의 뜻과 계획과 꿈이 이뤄지도록 그와 함께하셔서 그를 양육하시겠다는 의미다. 그러므로 아브라함은 하나님의 뜻과 계획과 꿈에 부합하는 존재가 되도록 살아야 하고 성장해야 한다.

또 아브라함이 믿음의 조상이 된다는 것은, 그의 후손이 하나님을 믿는 백성이 된다는 의미다. 그렇게 되려면 이삭이 아브라함 한 개인의 아들로 남아 있어서는 하나님의 백성이 태어날 수 없다. 이삭이 온전히 하나님께 봉헌된 번제가 돼야만 그 후손이 하나님 백성이 될 수 있다. 바로 이 때문에 하나님은 아버지의 손으로 아들을 죽여 번제물로 바치라는 명령을 하셨다.

아브라함은 3일 동안 모리야 땅을 향해 걸어가면서 하나님이 자신을 통해 뜻하시고 계획하시고 꿈꾸시는 일들을 이루시도록 이삭을 바치기로 결심했을 것이다. 이 3일은 아브라함을 믿음의 조상으로 만드는 결단의 시간이었다.

둘째, 희생제물인 '번제'라는 의미다.

하나님이 약속해 아브라함이 25년 동안 기다려 얻은 이삭은 그 무엇으로도 바꿀 수 없는 아들이다. 불면 날아갈까 쥐면 깨질까 애지중지하는 아들이다. 장차 이스라엘 민족의 씨인 아들이다. 인류에게 구원과 축복을 가져다주는 통로가 되는 아들이다. 이삭은 아브라함의 생명이요, 그의 전부다.

그런데 이런 아들을 하나님이 번제로 바치라고 명령하셨다. 희생제물을 하나님께 드린다는 것은 다른 사람이 희생을 드리는 것이 아니요, 본인이 자발적으로 직접 드리는 희생의 제물이어야 함을 의미한다. 아브라함은 눈에 넣어도 아프지 않는 아들 이삭을 직접 죽여 각을 떠서 불에 태우는 번제물로 하나님께 바쳐야 했다.

이삭은 아브라함에게 특별한 의미가 있는 아들이지만, 동시에 하나님께도 특별한 의미가 있는 아들이다. 아브라함 편에서 볼 때 이삭은 아브라함의 가문을 이어주는 씨다. 하나님 편에서 볼 때 이삭은 인류를 구원하시는 예수 그리스도의 조상이 될 아들이요, 만민에게 구원과 축복의 통로가 되는 아들이다.

하나님은 왜 이런 아들 이삭을 하나님께 번제로 드리라고 하셨는가? 앞서 말한 바와 같이 아브라함에게 이삭은 가문의 대를 이을 씨요, 아브라함의 미래의 꿈이요, 희망이다. 미래의 꿈이요, 희망인 이삭을 하나님께 번제로 바친다는 것은 하나님을 위해 아브라함의 미래를 버린다는 것을 의미한다. 즉, 그것은 아브라함이 그의 미래와 단절되는 것을 의미한다. 아브라함이 과거와도 단절하고, 미래와도 단절하면 그는 아무것도 없는 무소유자(無所有者)로서 오직 현재만 남게 된다. 하나님을 믿는다는 것은 과거와 미래의 모든 것을 다 버리고 무소유(無所有)의 상태가 되는 것이다. 사랑과 존귀와 영광과 찬송을 받으실 하나님의 자리에 그 어떤 것도 두어서는 안 된다는 의미다.

죄란 근본적으로 하나님이 계셔야 할 자리에 자신을 두는 것이다. 하나님은 아브라함에게 사랑하는 이삭의 자리에 하나님을 두라는 의미로, 이삭을 번제로 드리게 함으로써 아브라함에게 참 믿음이란 하나님보다 사랑하는 것이 있으면 100퍼센트 믿음이 아니라는 것을 교육하셨다. 금(金)은 0.1퍼센트 부족한 99.9퍼센트의 금을 순금으로 인정하지만, 하나님은 우리에게 99.9퍼센트의 믿음이 아닌 100퍼센트의 믿음을 요구하신다. 즉 하나님을 믿는 사람은 하나님 한 분만을 사랑하기 위해 모든 것을 내려놓아야 한다는 것이다. 이것이 참 믿음이요, 기독교의 믿음이다.

아브라함이 이삭을 묶어 제단 위에 올려놓고 칼로 찌르려고 할 때, 하나님의 사자가 하늘에서부터 아브라함을 불러 그 아이에게 손을 대지 말라 하시고 "네가 네 아들 네 독자까지도 아끼지 아니 하였으니 내가 이제야 네가 하나님을 경외하는 줄을 아노라"(창 22:12)라고 말씀하셨다.

은혜와 사랑이 풍성하신 하나님은 아브라함이 100세에 얻은 독자 아들까지도 아끼지 않고 하나님께 바치는 믿음을 보시고 번제로 바칠 숫양을 보내 주셨다. 수풀 속에서 양의 울음소리가 들려 아브라함이 주위를 살펴보니 뿔이 수풀에 걸려 있는 숫양이 있었다. 그는 양을 잡아 아들을 대신해 하나님께 번제로 드렸다. 아브라함은 그곳을 '여호와 이레'라고 불렀다.

라틴어 성경에는 '여호와 이레'가 'Deus providebit'로 번역돼 있다. 'Deus'는 '하나님'이라는 의미요, 'providebit'는 '미리', '앞서'란 뜻의 'pro'와 '보다'라는 뜻의 'videre'의 합성어다. 그러므로 'Deus providebit'는 '하나님이 미리 보시고 필요한 것을 마련해 주신다'는 의미다.

하나님은 아브라함이 독자 이삭을 번제로 바칠 것을 미리 아시고, 숫양의 뿔이 수풀에 걸리게 하셨다. 그리고 아브라함으로 하여금 숫양을 번제로 드리도록 준비하셨다.

믿음의 우선순위

아브라함이 사랑하는 독자 이삭을 하나님께 번제로 드린 사건은 인간이 이 세상에서 사랑하는 사람에 대한 우선순위가 무엇인지를 분명하게 보여 준다. 사랑하는 사람에 대한 우선순위에 대해 C. S. 루이스(Lewis)는 다음과 같이 말한다.

"세상에서 내게 가장 귀한 사람보다
하나님을 더 사랑하는 것을 배웠을 때
비로소 나는 세상에서 가장 귀한 사람을
지금보다 더 잘 사랑할 수 있었다.
하나님을 향한 나의 사랑이 감해지거나

하나님 대신 가장 귀한 사람을 사랑하려 할 때는

세상에서 가장 귀한 사람을

전혀 사랑하지 않는 상태로 만들게 될 것이다.

첫 번째 것이 첫 번째 위치에 놓였을 때

두 번째 것은 억압받는 것이 아니라 증가하는 것을."

이렇게 기독교의 믿음은 하나님을 사랑하는 분량의 크기에 비례해 성장한다. 그러나 사람은 가지고 있는 것을 하나님 앞에 내려놓기를 싫어한다. 몽골에서 선교사로 일했던 이용규 선교사는 『내려놓음』이라는 책에서 다음과 같이 말한다.

아들 동연이가 두 살 때 함께 장난감 가게에 간 일이 있다. 동연이는 자기가 좋아하는 버스 장난감을 두 팔로 꼭 움켜쥔 채 가게를 나오려고 했다. 그러나 장난감을 가지기 위해서는 그것을 계산대에 올려 점원이 바코드 판독기로 읽게 해야 했다. 그래서 점원이 동연이의 팔에서 장난감을 넘겨받으려고 했을 때 동연이가 울며 장난감을 꼭 쥔 채 내려놓으려 하지 않았다. 장난감이 진정한 자기 것이 되게 하기 위해서는 잠시 계산대에 장난감을 내려놓아야 한다는 사실을 몰랐던 것이다. 결국 동연이는 장난감을 안은 채로 계산대 위에 올라가야 했다.

하나님이 우리에게 주시는 영적인 선물도 이와 마찬가지이다. 우리가 내려놓기 전에는 진정한 우리 것을 얻을 수 없다. 영적으로 아기인 우리는 내려놓으면 빼앗긴다고 생각한다. 그래서 더 움켜 쥐려

하고, 결국 그렇게 잡고 있는 한 그것들은 진정한 우리 것이 되지 못한다. 오히려 그것들이 우리를 욕되게 한다. 우리가 잡고 있는 문제는 우리가 쉽게 해결할 수 없다. 그렇지만 하나님께 나의 문제를 내려놓고 인생의 계획까지 내어 드린다면 해결받을 수 있다. 그렇게 하려면 잠시 내것을 내려놓는 과정이 필요하다.

원숭이가 사람에게 잡히는 이유가 원숭이의 욕심 때문이라고 한다. 원숭이를 잡으려면 먼저 코코넛에 원숭이의 손이 간신히 들어갈 만한 구멍을 만들고 그 통 안에 원숭이가 좋아하는 바나나나 사과 등을 넣어 놓는다. 그러면 원숭이는 코코넛 통에 다가가서 먹이 냄새를 맡고 구멍 안에 가득 들어 있는 과일을 본다. 원숭이는 주위를 맴돌다 구멍에 손을 넣어 작은 부스러기 하나를 맛본다. 그 감미로운 맛에 빠져 손을 더욱더 깊숙이 넣는다. 그리고 손을 빼려는데 손에 가득 잡혀 있는 과일 때문에 손이 빠지지 않는다. 이때 사람들이 와서 원숭이를 잡는 것이다. 원숭이가 도망쳐 살 수 있는 방법은 쥐고 있는 과일을 놓는 것인데, 원숭이는 과일을 놓지 않으려는 '욕심'을 포기하지 못해 사람에게 잡혀 죽게 된다.

원숭이와 같은 어리석은 사람들이 많이 있다. 얼마 전 뉴스에 보도된 이야기다. 혼자 살던 어느 노파가 죽었는데, 그의 살림을 정리하던 친척이 통장을 하나 발견했다. 통장에는 수천만 원이라는 거액이 들어 있었다. 그런데 이 할머니의 사인은 영양실조(營養失調)였다.

우리 인간도 원숭이같이 손에 쥐고 있는 것을 내려놓지 못해 그것 때문에 마귀에게 이끌려 패가 망신한 경우가 많다.

탐심은 어디서 왔는가?

그러면 이 악한 탐심은 어디에서 왔는가? 하나님이 창조하신 최초의 인간 아담과 하와에게는 탐심이 없었다. 악한 사탄인 뱀이 하와에게 미혹해 하는 말이 "너희가 결코 죽지 아니하리라 너희가 그것을 먹는 말에는 너희 눈이 밝아 하나님과 같이 되어 선악을 알 줄을 하나님이 아심이라"(창 3:4~5)였다. 하와는 지금까지 선악과나무의 열매를 먹는 날에는 죽는 줄 알고 경계의 눈으로 그 나무를 보았는데, '죽지 아니하고 눈이 밝아 하나님과 같이 된다'는 뱀의 말을 듣고는 경계의 눈이 아닌 정욕의 독소에 오염된 눈으로(요일 2:16) 선악과나무를 보았다. 그러자 "선악과나무 과실이 먹음직도 하고 보암직도 하고 지혜롭게 할 만큼 탐스럽기도 한 나무"(창 3:6)로 보였다. 여기서 하와가 뱀의 말을 듣고 선악과나무를 '본다'는 것은 하나님의 말씀보다 사탄의 말을 더 믿는다는 의미다.

이스라엘 백성이 광야에서 먹을 음식이 없고 마실 물이 없어 하나님과 모세를 향해 원망하자 하나님은 그들 가운데 불뱀들을 보내셨다. "여호와께서 불뱀들을 백성 중에 보내어 백성을 물게 하시므로 이스라엘 백성 중에 죽은 자가 많은지라"(민

21:6). 그때 모세가 그들을 위해 하나님께 구했고, 하나님이 들으시고 나을 수 있는 방법을 알려 주셨다. 하나님이 모세에게 놋뱀을 만들어 온 백성이 볼 수 있게 장대에 달라고 하시고 "뱀에 물린 자마다 그것을 보면 살리라"(민 21:8)라고 하셨다. 하나님의 말씀대로 뱀에 물린 이스라엘 백성이 놋뱀을 쳐다볼 때 살았다 (민 21:9).

예수님은 이 이 말씀을 인용하시어 "모세가 광야에서 뱀을 든 것같이 인자도 들려야 하리니 이는 저를 믿는 자마다 영생을 얻게 하려 함이니라"(요 3:14~15)라고 말씀하셨다. 여기서 '보다'와 '믿는다'는 말이 같은 것을 나타내는 단어임을 볼 수 있다. 구약에 있는 놋뱀을 '보는 것'은 신약에서 그리스도를 '믿는 것'과 같다.

그러므로 사람은 무엇을 보느냐에 따라 눈에 보인 영상이 마음에 그려지게 된다. 그리고 그 영상을 믿게 된다. 프랑스의 유명한 루브르 박물관(Louvre Museum)에 가면 유명한 화가나 조각가의 작품 앞에 서서 하루 종일 작품을 골똘히 바라보는 화가 지망생들이 있다. 이들은 그 작품들을 골똘히 바라보며 영감을 얻으려고 한다. 이는 미술 수업 방법 중 하나다.

창세기 3장 6절의 '탐스럽다'로 번역된 히브리어 '네흐마드'는 십계명 중 "네 이웃을 탐내지 마라"에서 '탐내다'로 번역된 '타호마드'와 관련 있다. 사탄은 하나님이 인간에게 금하신 이 탐심 '타호마드'로 인간을 공격한다. 사탄은 인간의 마음의 창인 눈을 통해 탐심을 유발해 '먹음직도 하고 보암직도 하며 지혜롭게 할 만큼 탐스러움'을 갖게 했다. 다시 말해 사탄은 '바라봄'을 통해 인간의 마음속에 탐심을 심는다.

그래서 우리가 무엇을 보느냐에 따라 우리 마음속에 그려지는 영상이 달라진다. 매일 돈을 보는 사람은 마음속에 돈의 영상이 그려진다. 매일 아름다운 여자를 보는 사람은 마음속에 아름다운 여자의 영상이 그려진다. 매일 예수님을 바라보는 사람은 마음속에 예수님의 영상이 그려진다.

사탄이 인간에게 가장 강력하게 사용하는 무기 중의 하나가 바로 탐심이다. 사탄은 바라봄을 통해 인간의 마음속에 탐심을 심고, 펑크 난 타이어가 서서히 바람이 빠져 움직이지 못하게 되듯 탐심으로 성도의 믿음을 조금씩 빼앗아, 마침내 하나님을 버리고 무신론자가 되게 한다. 이것이 사탄의 계략이다. 그러므로 그리스도인들은 항상 마음속에 '탐심'이 있는지 성찰하며 신앙생활을 해야 한다.

이스라엘 백성이 출애굽할 때에 함께 나온 이방 백성이 많이 있었다. 이들은 이스라엘 백성과 결혼해 함께 살던 이방 족속들(출 12:38)과 이스라엘 백성이 출애굽하기 위해 모세가 행한 기사와 이적을 보고 이스라엘 민족과 함께 출애굽한 이방 족속들(신 29:11)이다. 이들이 탐욕을 품어(민 11:4) 탐욕의 죄가 전염병처럼 이스라엘 백성 가운데 퍼져 이스라엘 백성이 울며 말하기를, "누가 우리에게 고기를 주어 먹게 하겠는가"라며 하나님을 향해 불평했다.

하나님은 이스라엘 백성의 불평을 들으시고 그들에게 내일 고기를 주겠으니 몸을 거룩하게 하고 기다리라고 하셨다. 하나님이 "너희가 하루나 이틀뿐 아니라 냄새가 싫도록 한 달 동안 먹게 하리라"라고 하신 이유는 "너희가 너희 중에 계시는 여호와를 멸시하고 말하기를 우리가 어찌하여 애굽에서 나왔던가"라고 했기 때문이다.

그 다음 날 새벽에 하나님이 바람을 불게 하시어 바다로부터 메추라기를 몰아 이스라엘 진영 사방으로 하룻길 되는 지면 위에 약 1미터(열 규빗)쯤 되는 두께의 메추라기가 내렸다.

이스라엘 백성이 아침에 일어나 종일 메추라기를 줍고, 그 다음 날에도 종일 각 가정이 모은 양이 120말(열 호멜)이나 되었다. 이스라엘 백성은 하나님께 감사하는 마음은 전혀 없고 오직 육신의 욕심만을 위해 메추라기를 모았다. 사랑의 하나님은 그들의 탐욕의 불평을 기뻐하지 아니하면서도 기도는 들어주셨다. 그러나 이스라엘 백성이 입 속에 메추라기를 먹고 있을 그때에 공의의 하나님이 그들의 탐욕에 대한 심판으로 백성에게 진노하시어 큰 재앙으로 치셨다. 탐욕을 품은 백성을 매장한 곳이라 해 그곳 이름을 '기브롯 핫다아와'라고 불렀다.

탐심의 결과

여호수아가 이스라엘 백성을 이끌고 하나님이 주신 축복의 땅 가나안 땅으로 들어가기 위해서는 맨 먼저 여리고 성을 점령해야 했다. 하나님은 이 여리고 성을 점령할 때 성에 있는 모든 것은 하나님 것이므로 취해서는 안 된다고 말씀하셨다.

그러나 이스라엘 백성 중 아간이 어느 집에 들어가 보니 시날 산의 아름다운 외투 한 벌과 은 이백 세겔과 오십 세겔 되는 금덩이를 보고 탐욕이 생겨 그 물건들을 자기 장막 속에 감췄다.

즉 아간은 "너희는 온전히 바치고 그 바친 것 중에서 어떤 것이든지 취하여 너희가 이스라엘 진영으로 바치는 것이 되게 하여 고통을 당하게 되지 아니하도록 오직 너희는 그 바친 물건에 손대지 말라"(수 6:18)라는 하나님의 말씀을 범한 것이다. 아간의 탐심 죄는 두 가지 결과를 가져왔다.

첫째, 이스라엘이 여리고 성보다 더 작은 아이 성 공격에 실패하게 됐다. 3,000여 명의 이스라엘 군사가 아이 성을 치려고 올라갔는데, 아이 성의 군사가 나와서 이스라엘 군사 30여 명을 죽이며 비탈길로 이스라엘 군사를 쫓아와 물리치므로 이스라엘 군사의 아이 성 공격은 실패로 끝났다.

둘째, 여호수아가 옷을 찢으며 이스라엘 장로들과 함께 여호와의 궤 앞에서 땅에 엎드려 하나님께 기도했다. 하나님이 여호수아의 기도를 들으시고 "이스라엘이 범죄하여 내가 그들에게 명령한 나의 언약을 어겼으며 또한 그들이 온전히 바친 물건을 가져가고 도둑질하며 속이고 그것을 그들의 물건들 가운데 두었느니라"(수 7:11)라고 말씀하셨다. 또 "그 온전히 바친 물건을 너희 중에서 멸하지 아니하면 내가 다시는 너희와 함께 있지 아니하리라"(수 7:12)라고 말씀하셨다.

여호수아는 다음 날 일찍 일어나 각 지파대로 모이게 하고 하나님의 물건을 도둑질한 사람을 찾기 위해 제비를 뽑게 했다. 여기서 유다 지파의 아간이 뽑혔고, 아간에게 속한 모든 식구와 짐승들을 골짜기로 끌고가 그곳에서 돌로 쳐 죽였다.

여기서 성도들이 알아야 할 점 하나 있다. 믿음의 공동체 안에서 한 개인이 하나님께 범죄한 것은 공동체 전체가 범죄한 것을 의미한다. 교회 안에서 여러 가지 문제로 성도들 사이에 갈등과 분쟁을 일어나는 경우가 있는데, 어떤 경우든 그것은 개인의 범죄가 아닌, 공동체 전체의 잘못이요, 범죄다.

하나님은 이사야 57장 17절에서 "그의 탐심의 죄악으로 말미암아 내가 노하여 그를 쳤으며 또 내 얼굴을 가리고 노하였으나 그가 아직도 패역하여 자기 마음의 길로 걸어가도다"라고 말씀하신다. 하나님이 말씀하시는 이스라엘 백성의 '탐심'은 무엇인가?

첫째, 약한 형제를 압제하여 탈취했다.
둘째, 이웃 형제의 토지 경계표를 부당하게 옮겼다.
셋째, 부당한 소송으로 약한 자를 괴롭혔다.
넷째, 부패한 법관을 매수하여 재물을 취했다.
다섯째, 약한 자들을 그들이 사는 곳에서 쫓아냈다.

이와 같이 이스라엘 백성의 죄악은 부당한 방법으로 그들의 탐심을 충족시킨 것이다. 그들의 죄 중심에는 '탐욕'이라는 죄가 도사리고 있었다. '탐심'이란 무엇인가? 탐심은 세상을 사랑해서 범하는 죄다. 그러므로 탐심은 모든 죄의 중심에 있다.

"육신을 따르는 자는 육신의 일을, 영을 따르는 자는 영의 일을 생각하나니 육신의 생각은 사망이요 영의 생각은 생명과 평안이니라 육신의 생각은 하나님과 원수가 되나니 이는 하나님의 법에 굴복하지 아니할 뿐 아니라 할 수도 없음이라"(롬 8:5~8).

탐심은 하나님과 원수가 되게 하는 악성 종양과 같다. 하나님은 정욕적이며, 탐욕적인 마음속에는 거하시지 않는다. 탐심은 무서운 죄악으로, 하나님을 노하게 할 뿐만 아니라 우리의 육체와 영혼을 파멸시키고 죽음으로 이끄는 큰 죄악이다.

사도 바울은 "그러므로 땅에 있는 지체를 죽이라 곧 음란과 부정과 사욕과 악한 정욕과 탐심이니 탐심은 우상 숭배니라"(골 3:5)라고 말하면서, "음행과 온갖 더러운 것과 탐욕은 너희 중에서 그 이름조차도 부르지 말라 이는 성도에게 마땅한 바니라"(엡 5:3)라고 말한다.

모든 죄악의 중심에 있는 탐심은 또 다른 죄악을 낳게 하므로 하나님은 탐심이라는 이름조차도 부르지 말라고 하신다. 예수님의 제자인 가룟 유다는 사탄이 탐심으로 공격하는 것을 물리치지 못해 은 30에 예수님을 팔고 뒤늦게 마귀의 미혹에 넘어갔음을 깨달았지만, 회개하지 않고 불행하게도 자살하고 말았다.

우파니샤드[2] 에는 다음과 같은 이야기가 있다.

인간의 욕망이 바로 그의 운명이다. 왜냐하면 그의 욕망은 다름 아닌 그의 의지이기 때문이다. 그리고 그의 의지가 곧 그의 행위며, 그의 행위가 곧 그가 받게 될 결과다. 그것이 좋은 것이든 나쁜 것이든 인간은 그가 집착하는 욕망에 따라 행동한다. 죽은 다음에 그가 평소에 익힌 행위의 미묘한 인상을 마음에 지닌 채 다음 세상으로 넘어간다. 그리고 그의 행위의 열매를 그곳에서 거둔 다음 이 행위의 세계로 다시 돌아온다. 이와 같이 욕망을 가진 자는 윤회를 계속할 수밖에 없다.

한 중년 남자가 해변을 거닐다 모래사장에 무엇이 박혀 있는 것을 보았다. 꺼내 보니 꼭 마법의 주전자 같았다. 아니나 다를까. 주전자 뚜껑을 열자 '펑' 하는 소리와 함께 그 속에 갇혀 있던 종이 나타났다. 그는 "주인님, 부르셨습니까? 소원을 말하십시오. 그런데 제가 들어드릴 수 있는 소원은 딱 하나밖에 없습니다"라고 말했다. 그 사람은 곰곰이 생각한 후 종에게 말했다. "지금부터 1년 후의 신문을 내게 갖고 오게." 종은 즉시 1년 후의 신문을 그에게 갖다주었다. 그는 신문의 주식란을 살펴보기 시작했다. 많은 증권을 소유하고 있었기 때문에 1년 후의 주식 시세를 미리 알아 가장 좋은 주식에 투자하려는 속셈

---

2) 우파니사드(Upanisad) : 바라문교의 철학사상을 성전(聖典)으로 한 고대 인도의 철학서로서 성전 베다의 마지막 부분을 형성함.

이었다. 그런데 신문을 읽어가던 그의 얼굴이 순간 창백하게 변했다. 왜냐하면 신문 부고란에 자신의 이름이 적혀 있었기 때문이다. 그는 1년 후 그 날짜에 죽게 돼 있던 것이다.

20세기 미국의 예언자적인 에이든 토저(A. W. Tozer) 목사는 『세상과 충돌하라』는 책에서 다음과 같이 말한다.

형제자매들이여, 여러분에게 소중한 것이 있는가? 그러면 그것에 칼을 꽂아서 죽여라. 그것과 함께 죽어라. 그러면 하나님이 그것과 당신을 모두 다시 살리실 것이며, 여러분에게 돌려주실 것이다. 하지만 그때부터 그것은 더 이상 여러분 안에 있지 않고 여러분 밖에 있을 것이다. 그것이 여러분 안에 있을 때는 여러분의 마음을 짓눌렀겠지만 지금은 여러분 밖에 있기에, 여러분은 그것을 통해 하나님을 보게 될 것이다.

사람이 죽을 때는 모두 두 손을 펴고 죽는다. 인간이 집착할 수 있는 것은 영혼 이외에 아무것도 없다는 사실을 잘 말해 준다. 그래서 예수님은 산상수훈 팔복의 첫 번째 말씀으로 "심령이 가난한 자는 복이 있나니 천국이 저희 것이라"(마 5:3)라고 하셨다. 잠언은 "탐욕을 미워하는 자는 장수하리라"(잠 28:16)라고 말한다.

5. 질병과 고난 등을 통하여 성도를 공격하는 사탄

"그때에 귀신 들려 눈 멀고 말 못하는 사람을 데리고 왔거늘
예수께서 고쳐주시매 그 말 못하는 사람이 말하며 보게 된지라"

(마 12:22).

사탄은 질병과 고난을 통해 성도를 공격한다

"우리의 연수가 칠십이요 강건하면 팔십이라"(시 90:10)라는 말
씀에서 '강건하면'의 의미가 무엇일까? 인생은 나이가 들면 정
상적인 생리 기능이 상실돼 건강에 이상이 생겨 병이 들고 쇠
약해진다. 그러면 이 병은 어디서 왔는가?

성경은 병을 나이가 듦에 따라 일어나는 자연스런 현상으
로(창 48:1)을 말하기도 하지만, 이스라엘 백성이나 개인이 하나님
앞에 범죄했거나 불순종할 때 하나님이 징계의 수단으로 주시
는 경우가 있다고도 말한다.

"네가 악을 행하여 그를 잊으므로 네 손으로 하는 모든 일에 여호와께서 저주와 혼란과 책망을 내리사 망하며 속히 파멸하게 하실 것이며 여호와께서 네 몸에 염병이 들게 하사 네가 들어가 차지할 땅에서 마침내 너를 멸하실 것이며 여호와께서 폐병과 열병과 염증과 학질과 한재와 풍재와 썩는 재앙으로 너를 치시리니 이 재앙들이 너를 따라서 너를 진멸하게 할 것이라"(신 28:20~22).

하나님은 그분의 말씀에 불순종할 때에 이런 질병으로 이스라엘 백성을 책망하실 거라고 하셨으나, 때로 '하나님이 하시는 일'을 나타내시어 하나님의 영광을 드러내시기 위해 병을 주신다. 예수님이 길을 가실 때 날 때부터 맹인이 된 사람을 보았다. 곁에 있던 제자들이 예수님께 물었다. "이 사람이 맹인으로 난 것이 누구의 죄입니까? 자기의 죄입니까? 그의 부모의 죄입니까?" 이때 예수님은 "이 사람이나 그 부모의 죄로 인한 것이 아니라 그에게서 하나님이 하시는 일을 나타내고자 하심이라"(요 9:3)라고 대답하셨다.

또 예수님께 값진 향유를 부어 예수님의 장례를 미리 준비했던 마리아가 자매 마르다와 오라버니 나사로와 함께 베다니에 살고 있었는데, 어느 날 나사로가 죽을병이 들었다.

그래서 마리아와 마르다가 사람을 예수님께 보내 나사로가 병이 들었으니 빨리 오셔서 그의 병을 치료해 달라고 했다. 전갈을 받으신 예수님은 "이 병은 죽을병이 아니라 하나님의 영광을 위함이요 하나님의 아들이 이로 말미암아 영광을 받게 하려 함이라"(요 11:4)라고 말씀하셨다.

또 성도가 자만하지 않게 하려고 질병을 주시는 경우도 있다. "여러 계시를 받은 것이 지극히 크므로 너무 자만하지 않게 하시려고 내 육체에 가시 곧 사탄의 사자를 주셨으니 이는 나를 쳐서 너무 자만하지 않게 하려 하심이라"(고후 12:7).

여호와 하나님이 이스라엘 백성을 출애굽하시기 위해 물이 피가 되는 첫째 재앙(출 7:20), 나일 강에서 많은 개구리가 올라오게 하는 둘째 재앙(출 8:6), 아론이 지팡이를 잡고 땅의 티끌을 칠 때 땅의 티끌이 이가 되는 셋째 재앙(출 8:17), 이스라엘 백성을 구별하여 이스라엘 백성의 지역에는 파리가 없으나 애굽인들이 사는 지역에는 파리 떼가 가득한 넷째 재앙(출 8:24)을 내리셨다. 그럼에도 불구하고 바로의 마음이 강퍅해 이스라엘 백성을 놓아 주지 않자 하나님은 들에 있는 애굽인의 가축들 곧 말과 나귀와 낙타와 소와 양에게 심한 돌림병이 있게 하신 다섯 번째 재앙을 내리셨다(출 9:6). 그러나 바로 왕이 여전히 듣지 않자 하나님은 다시 모세와 아론이 화덕의 재를 하늘에 뿌릴 때 이 재가 애굽 온 땅에 있는 동물들에게 붙어 악성 종기가 발생하는 여섯 번째 재앙(출 9:10)으로 애굽을 치셨다.

하나님이 이스라엘 백성을 출애굽하시기 위해 내리신 돌림병과 종기는 하나님이 내리시는 심판의 질병이었다. 이렇게 하나님이 하시는 일과 그분의 영광을 드러내기 위해 하나님이 사용하시는 병은 바로 왕을 치시기 위해 애굽에 심판의 병이 되기도 했다.

하나님은 이스라엘 역사 속에서 이스라엘 백성의 믿음을 바로 세우시기 위해 질병이나 여러 가지 고난을 통해 그들을 훈련시키시고 연단시키셨다. 그런데 사탄도 하나님이 사용하시는 질병을 성도들에게 사용한다. 그래서 질병이 주는 두려움을 통해 성도들이 하나님과 관계가 깨어져 믿음을 잃게 만든다.

그 예가 욥기에 있다. 사탄은 하나님께 욥을 고소해 하루에 욥의 재산과 자녀들을 빼앗아 가면 분명히 욥이 하나님을 향한 믿음을 헌신짝처럼 버릴 줄 알았다. 그러나 사탄의 이러한 공격에도 불구하고 욥이 "이르되 내가 모태에서 알몸으로 나왔은즉 또한 알몸이 그리로 돌아가올지라 주신 이도 여호와시오 거두신 이도 여호와시오니 여호와의 이름이 찬송을 받으실지니이다 하고 이 모든 일에 욥이 범죄하지 아니하고 하나님을 향하여 원망하지 아니하니라"(욥 1:21~22)라고 믿음을 굳게 지켰다.

'주신 이도 여호와시오 거두신 이도 여호와시다'의 의미는 하나님이 만물의 주인이 되시고 자신은 단지 맡은 바를 관리하는 청지기에 불과하며(벧전 4:10), 하나님이 인간의 생사화복을 주관하시기(삼상 2:6~8) 때문에 피조물인 자신은 하나님의 주권에 순종할 수밖에 없다며 하나님께 영광을 돌렸다.

하나님은 욥이 믿음을 굳게 지키는 모습을 보시고 사탄에게 "네가 내 종 욥을 주의하여 보았느냐 그와 같이 온전하고 정직하여 하나님을 경외하며 악에서 떠난 자가 세상에 없느니라 네가 나를 충동하여 까닭 없이 그를 치게 하였어도 그가 여전히 자기의 온전함을 굳게 지켰느니라"(욥 2:3)라고 말씀하셨다. 사탄이 다시 하나님께 "이제 주의 손을 펴서 그의 뼈와 살을 치소서 그리하시면 틀림없이 주를 향하여 욕하지 않겠나이까?"(욥 2:5)라고 하나님께 청구했다. 하나님께로부터 허락을 받은 사탄은 욥을 쳐서 욥의 발바닥에서부터 정수리까지 종기가 나게 하셨다.

　욥이 재 가운데 앉아 질그릇 조각으로 몸을 긁는 모습을 욥의 아내가 보고 욥에게 "당신이 그래도 자기의 온전함을 굳게 지킵니까? 하나님을 욕하고 죽으세요"(욥 2:9)라고 말하고 나갔다. 욥의 아내는 이 질병이 사탄이 준 사실을 몰랐다. 하나님이 주신 것으로 알았기 때문에 욥에게 하나님을 욕하고 죽으라고 말한 것이다.

　그러나 욥은 아내에게 "그대의 말이 한 어리석은 여자의 말 같도다 우리가 하나님께 복을 받았은즉 화도 받지 아니하겠느냐" 하고 이 모든 일에 욥이 입술로 범죄하지 아니했다(욥 2:10).

　이 사건이 있은 후 하나님은 욥에게 처음보다 더 많은 복을 주셨다. 양만 4천 마리요 낙타가 6천 마리며, 소가 천 겨리나 되고 암나귀도 천 겨리나 됐다. 하나님은 욥에게 다시 아들 일곱과 딸 셋을 주셨는데 이 딸들이 당시에 미인이었다고 성경은 말한다.

　하나님은 왜 욥에 대한 사탄의 참소를 허락하셨는가? 대부분의 사람들은 하나님께 특별한 죄를 범하지도 않았는데 감당하기 힘든 고난을 당하게 되면 깊은 회의에 빠진다. 우리는 고난당할 때 혼돈과 답답함을 느낀다.

　그러나 끝까지 하나님의 선하신 목적을 믿고 하나님께 순종하면 심오한 믿음의 세계를 경험하게 되며, 하나님이 주시는 복을 받게 된다. 예수님도 전적으로 무죄하셨으나 인류의 모든 죄악과 허물을 짊어지시고 십자가 위에서 죽으시어 친히 희생제물이 되셨다.

　우리는 이런 예수님의 희생을 통해 가장 숭고한 고난의 모습을 볼 수 있다. 따라서 예수 그리스도를 구주로 믿는 모든 성도들은 욥과 같이 자신에게 닥친 고난에 대해 원망하거나 두려워하지 않고, 다른 성도들의 고난에도 기꺼이 동참하는 데까지 나아가야 한다(롬 12:15).

　누가복음 11장에는 예수님이 벙어리 귀신을 쫓으신 사건이 있다. "예수께서 한 벙어리 귀신을 쫓아내시니 귀신이 나가매 벙어리가 말하는지라 무리들이 기이히 여겼으나 그중에 더러는 말하기를 저가 귀신의 왕 바알세불을 힘입어 귀신을 쫓아낸다 하고"(눅 11:14~15). 그런데 벙어리 귀신을 쫓아내 치료하신 예수님을 공격하는 사람들이 있었다. 이들은 귀신을 쫓아낸 예수님께 귀신의 왕인 '바알세불'이라는 귀신이 들어가 바알세불의 힘으로 벙어리 귀신을 쫓아냈다고 공격했다.

　바알세불이란 무엇인가? 고대 수리아인들이 숭배하던 신으로, 구약적 명칭은 바알세붑(Beelzebub)이다(왕하 1:2). 이 바알세붑은 '주인', '두목', '남편'이라는 의미의 '바알'(Beel)과 '파리'라는 뜻의 '세붑'(zebub)의 합성어로, 희생제물 주위에 달라붙는 파리들을 쫓아내는 신이다. 그런데 신약시대 유대인들은 '바알'에다가 '세붑'과 발음이 비슷하나 뜻은 '똥', '불결함'을 의미하는 '세불'을 붙여, 이방 신이나 사탄을 '똥의 신' 또는 '불결한 신'이라고 조소하며 경멸하는 단어로 사용하였다. 성경에는 '귀신'에 대한 말씀이 많이 언급된다. 성경에서 악한 세력의 우두머리로 지칭되는 '원수'(마 13:28, 39), '거짓의 아비'(요 8:44), '공중의 권세 잡은 자'(엡 2:2), '옛 뱀'(계 12:9) 등은 거의 단수로 쓰이는데, 마귀 또는 '귀신'(devil 또는 demon)은 주로 복수로 쓰인다. 귀신은 사탄의 조종을 받아 악을 행하는 영적 존재들로, 하나님의 주권적인 허락 하에 활동한다.

사탄이 욥을 고난으로 시험할 때에 사용한 재난과 질병은 그 수하에 있는 귀신들이 사탄의 조종을 받아 욥에게 행한 것이다. 예수님이 쫓아내신 이 귀신도 사탄의 수하에서 일하는 졸개다.

내게는 존경하고 사랑하는 선배 목사님이 한 분 계신다. 이 선배 목사님은 나보다 세 살 위인데, 사모님이 질병으로 오랫동안 고생하고 있다. 그래서 나는 선배 목사님과 사모님의 건강을 위해 항상 기도하는데, 하루는 하나님이 '선배 목사가 질병으로 공격하는 마귀를 모르니 네가 가서 마귀를 물리치는 기도를 해 줘라'라고 말씀하셨다. 그래서 선배 목사를 찾아가 질병으로 공격하는 마귀를 물리치는 기도를 한 적이 있다.

대다수의 질병은 마귀가 성도를 공격하는 무기다. 그러므로 이런 질병이 있을 때에는 반드시 하나님의 능력의 말씀으로 마귀를 물리쳐야 한다. 성경에서 예수님은 사탄과의 싸움에서 세 번 이기신 것으로 기록돼 있다.

첫 번째는, 마태복은 4장에서 예수님이 금식기도 중 사탄의 시험을 받아 말씀으로 물리치신 것이다. 두 번째는, 예수님이 인류의 모든 죄를 짊어지시고 십자가에서 죽으셨다가 부활하심으로 죽음의 세력을 멸하시고 승리하신 사건이다. 마지막으로, 요한계시록에 나오는 최후 심판 때에 예수님은 사탄을 완전히, 그리고 영원히 멸하시고(계 20:10) 승리하신다.

필자의 간증

40여 년 전에 우리 가정은 나와 아내와 열 살 난 아들 하나 이렇게 세 식구가 살고 있었다. 1974년 봄, 내가 출근한 사이 어머님이 우리 집에 오셔서 아내에게 을지로 3가에 예언기도를 잘하는 김정순 전도사가 있는데, 예언기도를 받으러 가자고 하셨다. 그래서 아내는 시어머니를 따라 이정순 전도사에게 갔다. 아내가 드린 헌금 봉투에 적힌 내 이름을 보고 이정순 전도사가 아내에게 아들이 있냐고 묻더니 아내에게 '이 아들 때문에 부모의 가슴이 덜컹 내려앉을 때가 있을 터이니 이 아들을 하나님께 바치든가, 기도를 많이 하는 주의 종에게 가서 기도를 부탁하라'라고 말했다. 그러나 나는 그 당시 믿음이 전혀 없어서 이 말을 전하는 아내에게 '예수를 무당식으로 믿지 말라'

고 핀잔을 주었다. 그리고 기도를 많이 하는 주의 종에게 아들을 위한 기도 부탁도 하지 않았다.

그러던 중 1974년 6월 30일 오후, 친척 집에 다녀오다가 버스에서 내려 길을 건너던 아들이 택시에 치어 하늘나라에 갔다. 나의 선친은 변호사였으며, 교회 장로로 믿음생활을 잘하시는 분이었다. 어머님도 권사로 교회를 잘 섬기셨다. 나는 대학교에서 프랑스어를 전공하면서 하나님 말씀보다는 프랑스어와 프랑스 문학에 빠져 한동안 하나님을 잊고 살았다. 그러나 주일이 되면 믿음이 없으면서도 성경책을 들고 교회에는 출석하곤 했다.

그러던 나는 중매로 아내를 만나 결혼하고, 슬하에 아들 하나를 두었다. 그때 나는 프랑스에 가서 공부를 더 하겠다는 꿈을 갖고 있었다. 그 꿈을 위해서는 아이가 더 있어서는 안 된다고 생각했다. 그래서 아이를 하나만 낳고 더 낳지 않았다. 그런데 하나님이 그 아이를 데려가신 것이다. 우리의 슬픔은 이루 말로 다 표현할 수 없는 참담(慘憺)한 비극 중의 비극이었다. 아내는 하나님께 예수 믿는 집으로 시집 와서 신세를 망쳤다고 울부짖었다. 장로인 시아버지와 시어머니가 권사인 집에 시집 와서 아들을 하늘나라에 보냈다며 하나님께 항변했다. 시아버지가 장로로 교회에 충성하셨고, 시어머니도 교회에 충성하셨는데 '하나님은 왜 손자를 데려가셨는가?' 이 질문에 대답을 하시라고 하나님께 울부짖었다. 날마다 하늘나라에 간 아들을 따라 하늘나라로 가겠다고 벽이나 방바닥에 머리를 부딪치면서 죽겠다는 아내를 집에 혼자 놔 두고 출근할 수가 없어서 장모님과 교인들을 잠시 우리 집에 머물게 해 아내를 돌보게 했다. 사랑하는 아들을 하늘나라에 보내고 자신도 함께 하늘나라에 가겠다며 물 한 모금도 입에 대지 않아 수척해진 아내를 보고 나는 이러다가는 아내마저 하늘나라에 보낼 것 같았다. 그래서 교회에 다니면서도 해 본 적이 없는 기도를 하나님께 했다. '하나님, 제 아내를 살려주시면 제가 주의 일을 하겠습니다. 아내를 꼭 살려 주십시오.'

7월 20일 경 방학을 해서야 지인의 소개로 나는 아내를 데리고 삼각산에서 열리고 있던 어느 부흥 집회에 참석했다.

물만 마셔도 토하고 위에서 음식을 받지 않아 전혀 음식을 먹을 수 없었던 아내는 며칠 동안 집회에 참석했다. 그러던 중 성령님이 아내에게 그 집회에서 제공하는 뻣뻣한 안남미 쌀밥을 먹으라고 하셨고, 물 한 모금도 마시지 못했던 아내가 뻣뻣한 안남미 쌀밥을 먹었는데도 아무 이상이 없었다. 하나님이 아내의 위를 치료해 주신 것이다. 할렐루야!

이때부터 아내는 음식을 조금씩 먹기 시작해 건강을 점차 회복했다. 하나님이 아내의 위를 치료해 주신 은혜를 경험한 우리 부부는 계속해서 방학 동안 삼각산 집회에 참석했다.

그러던 어느 날, 스웨덴에서 오신 O(오) 목사님이 통역을 통해 하시는 설교를 들으며 많은 은혜를 받았다. 부흥회 마지막 날 설교가 끝난 후 O(오) 목사님이 안수받기 원하는 사람은 손을 들라고 했는데, 집회에 참석한 이들이 모두 손을 들었다.

우리 부부도 중간 뒤쪽 쯤에 앉아서 손을 들었다. 나는 우측에 앉았고, 아내는 내 왼편에 앉았는데, O(오) 목사님이 강단에서 통역관과 함께 내려오셔서 우리 쪽을 향해 오셨다. 그리고 우리 부부 앞에서 멈춰 안수기도를 해 주었다. O(오) 목사님은 당신의 오른손을 내 머리 위에 얹고 왼손을 아내의 머리 위에 얹고 기도했다.

O(오) 목사님은 내게 "사랑하는 아들아, 너는 나의 택한 종이다. 앞으로 내가 너를 큰 종으로 사용하리라"고 기도하셨다.

나는 O(오) 목사님의 예언기도를 받은 후 20대 초반인 21세 때 영몽(靈夢)을 꾼 기억이 떠올랐다. 내가 자란 시골집은 대단히 컸다. 6칸 겹 전후퇴의 마루가 있는 한옥이었다. 군 제대 후 다음 학기에 복학하려고 시골집에 내려가 있을 때 이상한 꿈을 꿨다.

집에 혼자 있는데 한 청년이 내게 전도를 하러 왔는데, 성경에 없는 다른 복음(갈 1:8)을 전하는 것이었다. 내가 아는 짧은 성경 지식으로 그 다른 복음을 공격했으나, 젊은이는 내 말에 수긍하지 않고, 끝까지 자기가 전하는 복음이 옳다고 주장해 나는 뒷마당에 쌓아 놓은 장작개비 하나를 들고 청년의 머리를 때려 숨지게 했다.

이 꿈을 꾸고 잠에서 깨어나 보니 온 몸이 땀에 흠뻑 젖어 있었다. 그 당시 이 꿈의 뜻을 풀이하려고 몇 목사님들과 몇 교인들에게 물었으나 명쾌한 해몽을 해 준 사람이 없었다.

나는 O(오) 목사님의 예언기도를 받고 16년 전에 꿨던 그

영몽의 의미를 희미하게 깨달았다. 그 꿈은 하나님이 나를 다른 복음을 척결하는 종으로 쓰시겠다는 의미의 영몽이었다.

O(오) 목사님의 예언기도를 받은 후 아내가 조금씩 안정을 되찾기 시작했다. 그 후 우리 부부는 삼각산에서 매일 기도했다. 그러다 아내가 하나님께로부터 '네 학교에 복음을 전하라'라는 선교 사명을 받았다. 이 사명을 두고 산에서 기도하는데 어느 날 하나님은 내게 3개의 환상을 보여 주셨다.

하나는 한국전쟁 때 선친이 시골 지방법원 지원장이셨기 때문에 당시 14세였던 나와 어머니가 빨갱이들에게 붙잡혔다가 8일 만에 풀려나 죽음에서 살아난 사건이다.

또 하나는 한국전쟁 중 1.4 후퇴 시 우리 가족이 군인 가족이라 군산에서 천 톤급의 해군 함정을 타고 거제도로 가게 됐다. 해군 함정을 타고 얼마쯤 갔는지 칠흑같이 어두운 밤에 바람이 심하게 불어 배 안에 있던 많은 사람들이 배 멀미로 토해 배 안에는 역겨운 냄새가 가득했다. 그래서 나는 찬 공기를 마시려고 갑판으로 나갔다. 때마침 지나가던 해군이 빨리 안으로 들어가라고 해 갑판에 나왔던 우리 4남매가 안으로 들어가는 순간 큰 파도가 갑판에 있던 많은 사람들을 쓸어가 갑판에 있던 사람들이 다 죽고 말았다. 그것은 우리 식구가 기적으로 살게 된 환상이었다.

마지막으로, 나는 대구에서 군생활을 했는데 토요일이면 친구들을 만나러 기차를 타고 서울에 왔다가 주일 밤 기차를 타고 대구로 귀대할 때가 있었다. 한번은 서울에서 귀대하기 위해 야간 급행차에 무임승차 했는데 헌병에게 잡혔으나 뒷주머니에 꽂힌 영자신문 〈Korea Times〉 때문에 헌병대에서 나오기는 했지만, 시간이 지체돼 출발하려는 기차를 타기 위해 질주하다 움푹 파인 곳에 걸려 넘어져 죽을 뻔했던 환상이다.

하나님은 이 3개의 환상을 보여 주시면서 나를 세 번 살려주신 것은 하나님의 종으로 쓰기 위해서라는 깨달음도 주셨다. 나는 학교에서 퇴근길에 빵과 우유를 사서 아내와 함께 밤에 삼각산에 가서 기도하고, 아침에는 삼각산에서 학교로 출근하는 생활을 4년 이상 했다. 1974년도에 하나님이 아내에게 주신 학원선교 사명을 감당하기 위해 하나님께 기도했다. "제가 근무하는 학교는 이사장이 음력 초하루가 되면 돼지머리를 놓고 고사를 지내는 학교인데, 제가 학교에 복음을 전하면 사표를 내야 합니다. 그런데도 해야 합니까?" 하나님은 이에 대한 응답을 아내에게 주셨다. "네가 하니? 내가 한다" 당시 내가 얼마나 믿음이 없고 성경 지식이 없었는지 '네가 하니? 내가 한다'라는 말씀을 이해하지 못했다.

아내는 아들이 하늘나라로 가기 수년 전에 감리교단 박장원 목사님의 부흥 집회에 참석해 방언의 은사를 받은 바 있다. 이런 아내가 산으로 기도하러 가기 전에 하나님은 이미 통변, 예언, 신유, 영분별의 은사를 주셔서 문제가 있을 때마다 아내를 통해 응답을 주시곤 했다.

내가 학원선교 사명을 감당하기 위해 삼각산에서 기도하던 중 하나님은 환상으로 교회 건물을 하나 보여 주셨다. 나는 이 교회에서 선교회를 하라는 것으로 알고, 다음 날 학교 근처에 있는 교회들을 찾아다니며 환상에서 본 교회를 발견했다.

이렇게 해 아이가 하늘나라로 간 지 거의 4개월쯤 되는 그해 10월 셋째 주 금요일에, 이 교회에서 선교창립예배를 드린 후 25년 동안 학원선교를 했다.

하나님은 왜 우리 가정에 이렇게 엄청난 고난과 고통을 주셨을까? 나는 어학에 소질이 있어 어학을 전공했고, 고등학교 교사로 근무하면서도 대학 강단에 서려는 계획을 세워 모 대학교로 갈 예정이었다. 사명자인 내가 엉뚱한 것에 목매어 하나님 말씀에 귀를 기울이지 않았기 때문에, 하나님은 아들을 하늘나라로 데려가심으로써 내 인생 궤도를 강제로 바꾸어 놓으셨다.

20세기 영국의 석학인 C. S. 루이스는 『고통의 문제』란 책에서 다음과 같이 말한다.

"어떤 사람들은 고통스런 일이 생기기 전에는 하나님께 귀를 기울이지 않는 습성이 있다. 그러므로 고통이란 귀머거리게 알아듣도록 만드는 하나님의 확성기다."

하나님은 '확성기'라는 고통과 질병으로 사랑하시는 백성을 하늘나라의 길로 인도해 주신다. 그러나 사탄은 이것을 역 이용해 하늘나라 백성을 지옥의 사람으로 만들려고 질병과 고난으로 공격한다.

떠나는 마귀,
돕는 천사

part II

광명의 천사로
가장하고 오는 사탄

"그런 사람들은 거짓 사도요 속이는 일꾼이니
자기를 그리스도의 사도로 가장하는 자들이니라
이것은 이상한 일이 아니니라 사탄도 자기를 광명의 천사로 가장하나니
그러므로 사탄의 일꾼들도
자기를 의의 일꾼으로 가장하는 것이 또한 대단한 일이 아니니라
그들의 마지막은 그 행위대로 되리라"

(고후 11:13~15).

1. 생각을 통하여 성도를 공격하는 사탄

"무릇 지킬 만한 것보다 더욱 네 마음을 지키라 생명의 근원이
이에서 남이니라"(잠 4:23).

말씀을 믿음으로 인큐베이팅하는 마음

옛날 어느 마을에 신기한 개를 파는 사람이 나타났다. 그는
온 동네를 돌아다니며 '꿀똥 싸는 개를 팝니다. 꿀똥 싸는 개를
사십시요'라고 외쳤다. 온 동네 사람들이 이 꿀똥 싸는 개장수
에게 모여들었다. 이 개장수가 개의 배를 한 번 꾹 누르니까 개
가 진짜 꿀똥을 쌌다. 그래서 그 동네 어느 욕심 많은 사람이
거액을 주고 그 꿀똥 싸는 개를 샀다. 이 사람은 이 개가 자기
에게 돈을 벌어 줄 거라고 믿고 자기는 먹지도 않고 개에게 좋
은 것을 먹여 지성으로 길렀다. 그런데 이 개가 꿀똥을 싸지 않
고 진짜 똥을 싸는 것이었다. 개를 판 사람은 개에게 꿀을 먹여

꿀똥을 싸게 했지만, 개를 산 사람은 일반 사료를 먹여 개가 진짜 똥을 싼 것이다.

이 이야기는 사람을 웃기려고 만든 이야기지만, 그 안에는 깊은 철학이 담겨 있다.

한번은 바리새인들과 서기관들이 예수님께 "당신의 제자들이 어찌하여 손을 씻지 않고 떡을 먹습니까? 이것은 장로들의 전통을 어기는 것이 아닙니까?"라고 질문했다. 이때 예수님은 그들에게 "이는 마음으로 들어가지 아니하고 배로 들어가 뒤로 나감이라 이러므로 모든 음식물을 깨끗하다 하시니라 또 이르시되 사람에게서 나오는 그것이 사람을 더럽게 하느니라 속에서 곧 사람의 마음에서 나오는 것은 악한 생각 곧 음란과 도둑질과 살인과 간음과 탐욕과 악독과 속임과 음탕과 질투와 비방과 교만과 우매함이니라"(막 7:19~22)라고 말씀하셨다.

여기서 '마음에서 나오는 것은'(21절)의 '마음'은 무엇일까? 신약성경에서 제일 많이 쓰인 '마음'이란 단어의 헬라어는 '카르디아'($\kappa\alpha\rho\delta\iota\alpha$)다. 마태복음 5장 8절의 "마음이 청결한 자는 복이 있나니 그들이 하나님을 볼 것이요"에 나오는 '마음'도 '카르디아'다. 이 마음은 사람의 인격적 활동의 중심으로, 지정의 정신 활동이 이뤄지는 근거다. 마치 피가 심장의 운동을 통해 신체 모든 곳에 공급되듯이, 인간의 모든 인격적 삶은 마음에서 이뤄진다. 뿐만 아니라 올바른 생각, 건전한 정서와 가치 있는 삶 등은 마음에 평안을 주며, 그 평안은 인체에도 영향을 줘 건

강한 삶을 살 수 있게 한다.

그래서 마음은 하나님이 역사하시는 곳이자, 인간 내면세계의 중심지며, 윤리적인 의미로 성경에서 자주 사용된다. 그러므로 사람은 마음에 무엇을 담느냐에 따라 전혀 다른 사람으로 바뀌게 된다. 마음에 성령을 담는 사람은 성령의 사람이 돼 사랑과 희락과 화평과 오래 참음과 자비와 양선과 충성과 온유와 절제의 열매를 맺지만(갈 5:22~23), 마음에 사탄을 담는 사람은 음란과 도둑질과 살인과 간음과 탐욕과 악독과 속임과 음탕과 질투와 비방과 교만과 우매함 등을 행하는 사람이 된다.

믿음을 마음에 심는 '생각'과 믿음을 인큐베이팅하는 '마음'은 영적 세계로 들어가는 관문이다. 이 '마음'과 '생각'은 진리의 영역 또는 거짓의 영역 둘 중 하나에 속한다. 각 영역은 하나님께 근원을 두거나, 그렇지 않으면 사탄에게서 나온다. 진리에 반대되는 모든 것들은 사탄에게서 나온다. 한 사람의 마음에서 나오는 '생각'도 두 근원 중 한 곳에서 나온다.

20세기 미국의 예언자적인 에이든 토저(A. W. Tozer) 목사는 자신의 저서 『하나님을 바로 알자』란 책에서 다음과 같이 말한다.

'생각'과 '말'은 하나님의 형상으로 만들어진 피조물에게 주신 그분의 선물이다. 이 둘은 하나님과 밀접하게 연결되어 있어서 그분과 절대로 분리될 수 없다. 최초의 말이 그 '말씀'이었다는 사실은 매우 의미심장하다. "이 말씀이 하나님과 함께 계셨으니 이 말씀은 곧 하나님이시니라"(요 1:1). 하나님이 말씀하셨으므로 우리가 말할 수 있는 것이다. 그분에게 있어서는 말과 생각이 분리될 수 없다.

이렇게 하나님은 영적 교통을 위해 우주 만물을 창조하신 능력의 '말씀'과 이 말씀을 음미할 수 있는 '생각'을 우리에게 주셨다. 즉 하나님이 인간에게 주신 '말씀'과 '생각'은 인간이 하나님께로 나아가는 통로다.

하나님의 이 능력의 말씀을 우리에게 전달해 주는 통로가 바로 '생각'이다. 사람이 하나님의 말씀을 읽거나 들을 때 이 말씀을 마음에 심는 것은 '생각'이고, 이 '생각'을 받아 '말씀'을 '믿음'으로 인큐베이팅하는 곳이 '마음'이다. 하나님은 우리에게 '말씀'과 '생각'이라는 큰 선물을 통해 하나님을 믿는 믿음을 마음에서 자라도록 하셨다.

하나님의 능력의 말씀이 생각을 통해 마음 밭에 심겨진 믿음은 매일 하나님의 말씀을 읽음으로 큰 믿음의 나무로 성장하게 된다. 어떤 사람은 백 볼트의 믿음을 갖게 되고, 어떤 사람은 천 볼트의 믿음을 갖게 되며, 또 어떤 사람은 만 볼트의 믿음을 갖게 되고, 어떤 사람은 십만 볼트, 백만 볼트의 믿음을 갖게 된다.

십만 볼트나 백만 볼트의 전류가 흐르는 전선은 매우 굵다. 이렇게 굵은 전선으로 공급되는 전기는 KTX 같은 기차와 십만 톤급 이상의 배를 움직이는 힘이 있다. 우리의 믿음도 이렇게 십만 볼트나 백만 볼트의 전류가 흐르는 전선처럼 굵은 믿음의 줄을 하나님께 연결해, 하나님의 능력의 말씀을 공급받으면 하나님의 능력이 우리의 믿음을 통해 삶 속에서 기적으로 나타나게 된다.

성도는 신분에 걸맞은 믿음을 가져야 한다

우리의 믿음이 이와 같이 성장하기 위해서는 먼저 성도의 신분(Identity)이 무엇인지를 알아야 한다. 성경은 "너희는 택하신 족속이요 왕 같은 제사장이요 거룩한 나라요 그의 소유가 된 백성이니 이는 너희를 어두운 데서 불러내어 그의 기이한 빛에 들어가게 하신 이의 아름다운 덕을 선포하게 하려 하심이라"(벧전 2:9)라고 말한다. 우리의 신분은 하나님의 거룩한 백성일 뿐만 아니라, 왕 같은 제사장인데 이런 신분으로 매일 땅의 것만 가지고 근심과 걱정과 고통과 두려움으로 사는 사람은 백 볼트의 믿음을 가진 사람이다.

58년 전에 프랑스의 Père Levérier 신부님과 프랑스어를 공부할 때다. 어느 날, 신부님이 나를 만났을 때 프랑스어를 전혀 쓰지 않고, 한국어로만 말했다. 그래서 신부님에게 나를 만날 때만은 프랑스어로 말해 달라고 했는데, 이에 신부님은 놀라운 대답을 했다.

"내가 한국어를 공부하기 시작한 시간부터 나는 프랑스 사람이 아니고 한국 사람이다. 그러므로 나는 한국어로 말해야 한다."(Dès que j'ai commencé à apprendre le coréen, je ne suis pas Français, je suis Coréen. Donc je dois parler en coréen.) 그래서 나도 신부님에게 지지 않으려고 "나도 역시 프랑스어를 공부하기 시작한 시간부터 나는 한국 사람이 아니고 프랑스 사람이다. 고로 나는 프랑스어로 말해야 한다"(Moi aussi, dès que j'ai commencé à apprendre le français, je ne suis pas Coréen, je suis Français. Donc je dois parler en français.)라고 응수한 적이 있다. 이후 나는 모든 것을 프랑스어 식으로 생각하고 말하고 쓰는 훈련을 했다.

신앙생활에서도 택하신 족속이요, 왕 같은 제사장 신분에 걸맞은 십만 볼트와 백만 볼트 같은 믿음을 갖기 위해서는 부단한 노력을 해야 한다. 걸어가면서 "하나님이 이르시되 그가 나를 사랑한즉 내가 그를 건지리라 그가 내 이름을 안즉 내가 그를 높이리라 그가 내게 간구하리니 내가 그에게 응답하리라 그들이 환난당할 때에 내가 그와 함께하여 그를 건지고 영화롭게 하리라"(시 91:14~15)는 능력의 말씀을 외우고, 일할 때도 "금보다 귀한 믿음은 참보배 되도다 이 진리 믿는 사람들 다 복을 받겠네"(새 450장)라는 찬송을 흥얼거려야 한다. 이와 같이 믿음을 지키려고 노력하는 사람에게 하나님이 주시는 선물이 '금보다 귀한 믿음'이다.

이런 믿음은 오직 예수 믿음이다. 이 '오직 예수' 믿음만 있으면 어디서 무슨 일을 하든지 전능하신 하나님이 함께 하셔서 형통한 길로 인도하시고 복을 주신다. 그러나 '오직 예수' 믿음을 갖고 있지 않은 성도들은 주일이 되면 '벌써 주일이 되었나? 오늘은 교회에 갔다 와서 무엇을 하지?'라는 생각을 한다. 이런 사람은 백 볼트 전기에 해당하는 믿음을 가진 사람이다. 백 볼트 전기는 가전제품에나 사용되는 아주 약한 전력이다. 그런데 이렇게 백 볼트 믿음을 가진 성도들을 사탄이 노리고 공격한다.

사탄은 자기의 생각을 성도의 생각으로 위장해 공격한다

이때 사탄의 속이는 영들이 위장하고 사람의 '생각' 속에 들어와 사탄의 '가르침'을 그 사람의 생각과 혼합시켜 마치 그 사람의 '생각'인 것처럼 말하게 하고 행동하게 한다. 즉 속이는 영은 인간의 두뇌 작용을 그대로 위조해 '사탄의 생각'을 그 사람의 마음속에 주입시킨다. 이렇게 하면 그 사람은 '사탄의 생각'을 자기의 생각인 것처럼 말하고 행동하게 된다.

이리가 양의 탈을 쓰고 양에게 접근해 양을 잡아먹듯이, 사탄은 종종 '광명의 천사로 변장하고'(고후 11:14) 성도들에게 접근해 성도들의 마음을 공격한다. 사탄은 '하나님께로'(God-ward), 그리고 '선으로'(good-ward) 이끄는 것처럼 보이는 사람이나 사물의 탈을 쓰고 접근한다.

사탄이 성도에게 접근하는 목적은 성도로 하여금 하나님께 불순종하도록 하기 위해서다. 이때 가장 많이 사용하는 방법이 바로 '생각'을 통해 성도들을 공격하는 것이다. "마귀가 벌써 시몬의 아들 가룟 유다의 마음에 예수를 팔려는 생각을 넣었더라"(요 13:2).

하나님은 다윗 왕이 가는 곳마다 승리하게 하셔서 다윗을 모든 원수의 손에서 구원해 주셨다. 이때 사탄이 다윗에게 들어가 생각을 통해 하나님께 범죄하게 한 사건이 역대상 21장에 나온다. "사탄이 일어나 이스라엘을 대적하고 다윗을 충동하여 이스라엘을 계수하게 하니라"(대상 21:1).

다윗의 인구조사는 이스라엘 중에서 칼을 뺄 만한 자를 조사한 것으로, 군인의 수를 조사하는 징병검사(徵兵檢査)와 같다. 다윗이 가는 곳마다 하나님이 함께하셔서 모든 전투에서 승리하게 하셨는데도, 다윗에게 사탄이 들어가자 다윗은 하나님께 감사하는 대신 자신의 지략과 이스라엘 군대 힘으로 모든 전투에서 승리했다는 자만심을 갖게 돼 징병검사를 했다. 하나님은 이 일을 악하게 여기시고 이스라엘을 치셨다(대상 21:7). 다윗은 하나님의 책망을 듣자 사탄의 미혹에 속았다는 것을 깨닫고, 하나님께 "내가 이 일을 행함으로 큰 죄를 범하였나이다 이제 간구하옵나니 종의 죄를 사하여 주옵소서 내가 심히 미련하게 행하였나이다"(대상 21:8)라고 회개했다.

마태복음 16장에는 가이사랴 빌립보 지방이 나온다. 이곳은 예루살렘으로부터 약 190킬로미터 떨어진 헬몬 산 근처의 성읍으로, 우상 숭배로 유명하다. 토착민들은 여기서 바알 신을 섬기고, 헬라 계통의 사람들은 산림과 야수의 신인 판(pan)의 산당을 지었으며, 헤롯은 가이사 아구스도에게 잘 보이기 위해 이곳에 황제 신전을 건축했다.

　이렇게 우상 숭배로 가득한 빌립보 지방에 예수님이 오셔서 제자들에게 "사람들이 인자를 누구라고 하느냐?"라고 물으셨다. 제자들은 세례 요한, 엘리야, 예레미야나 선지자 중의 하나라고 한다고 답했다. 그러자 예수님이 "너희는 나를 누구라고 하느냐?"라고 물으셨다. 옆에 있던 베드로가 재빨리 대답했다. "주는 그리스도시오 살아 계신 하나님의 아들이시니이다"(마 16:16).

　베드로의 대답을 들으신 예수님은 베드로에게 "바요나 시몬아 네가 복이 있도다 이를 네게 알게 한 이는 혈육이 아니요 하늘에 계신 내 아버지니라 또 내가 네게 이르노니 너는 베드로라 내가 이 반석(磐石) 위에 내 교회를 세우리니 음부(陰府)의 권세가 이기지 못하리라 내가 천국 열쇠를 네게 주리니 네가 땅에서 무엇이든지 매면 하늘에서도 매일 것이요 네가 땅에서 무엇이든지 풀면 하늘에서도 풀리리라"(마 16: 17~19)라는 축복의 말씀을 주셨다.

　이렇게 예수님께 천국 열쇠를 받은 베드로는 기쁨으로 마음이 흥분된 상태로 예수님을 따라가고 있었는데, 예수님이 길을 걸으시면서 앞으로 당하실 일을 말씀하셨다. 예수님이 예루살렘에 올라가시어 장로들과 대제사장들과 서기관들에게 많은 고난을 받고 죽임당하고 3일 만에 부활하실 것을 처음으로 제자들에게 말씀하셨다. 예수님이지만 예루살렘에서 장로들과 대제사장들과 서기관들에게 고난 받고 죽는다는 말을 들은 베드로가 예수님께 "주님, 그렇게 하지 마세요 이 일이 결코 주님에게 있어서는 안 됩니다"라며 예수님이 앞으로 행하실 일을 가로막았다.

이는 베드로가 구약에 예언된 하나님의 말씀을 아직 정확하게 알지 못하고 있음을 간파한 사탄이 그에게 '너의 주님이 그렇게 죽어서 되겠니? 주님을 죽도록 놔두는 것은 네가 주님을 사랑하는 게 아니다. 너는 주님을 살려야 한다'라는 인간적인 애정을 사랑으로 위장해 베드로의 생각 속에 넣어 준 것이다.

이 말을 들은 예수님은 걸음을 멈추시고 따라오는 베드로를 향해 "사탄아 내 뒤로 물러가라 너는 나를 넘어지게 하는 자로다 네가 하나님의 일을 생각하지 아니하고 도리어 사람의 일을 생각하는도다"(마 16:23)라며 책망하셨다. 그런데 예수님은 여기서 베드로에게 왜 '사탄'이라고 말씀하셨을까? 그 이유는 말은 비록 베드로가 했지만, 예수님의 메시아적 참된 의미와 구원의 범위와 방법을 모르는 베드로에게 사탄이 그의 생각 속에 예수님을 인간적으로 사랑한다는 위장술로 '사랑하는 주님이 죽어서는 안 된다'는 생각을 주었기 때문이다. '주여, 그리 마옵소서 이 일이 결코 주께 미치지 아니 하리이다'라는 말은 사탄이 베드로의 입을 빌려 한 말이다.

사탄은 부정적인 생각을 통해 성도를 공격한다

기독교의 믿음은 어디서부터 출발하는가? "그러므로 믿음은 들음에서 나며 들음은 그리스도의 말씀으로 말미암았느니라"(롬 10:17).

여기서 '믿음은 들음에서 나며'는 무슨 의미일까? 우리는 하나님의 말씀을 들을 때 '생각'이라는 통로를 통해 말씀을 믿어야 할지, 말아야 할지 결정한다. 이렇게 말씀을 듣는 것은 생각을 통해 우리가 믿음을 갖도록 믿음을 심는 역할을 한다. 생각을 통해 받은 이 '믿음'은 마음속에서 인큐베이팅해 성장한 '믿음'이 된다. 그러므로 기독교의 믿음은 말씀을 들음으로부터 시작한다.

하나님의 능력의 말씀을 듣고 믿음을 마음 밭에 심는 '생각'과 믿음을 성장하게 하는 '마음'은 영(靈)의 영역(領域)에 속해 있다. 우리가 '나는 할 수 있다', '나는 성공한다', '나는 행복하다'라는 긍정적인 생각을 하고, 또 이런 믿음을 가지면 우리의 생각과 믿음이 긍정적인 성령님의 도우심을 받게 된다.

그러나 생각을 통해 부정적인 것을 마음에 심어 '나는 할 수 없다', '나는 성공하지 못한다', '나는 불행하다'라는 부정적인 생각을 하거나 부정적인 믿음을 가지면 사탄이 즉시 찾아와 부정적인 생각으로 묶어 부정적인 길로 인도한다. 곧 '마음'과 '생각'은 하나님도 사용하시고 사탄도 사용하는 통로다.

"주는 그리스도시오 살아 계신 하나님의 아들이십니다"라고 신앙고백을 한 베드로가 예수님께 '주님, 죽어서는 안 됩니다'라는 말을 한 것은, 사탄이 베드로의 생각을 통해 예수님을 공격한 것이다. 그래서 예수님은 베드로를 책망하지 않으시고, 베드로 속에서 역사하는 사탄을 향해 "사탄아, 물러가라!"고 책망하셨다.

이렇게 예수님을 구주로 믿는 성도들이 사탄의 공격을 가장 많이 받는 통로가 바로 '생각'이다. 우리가 믿는 하나님은 우주 만물을 말씀으로 지으신 전능하신 만군의 여호와 하나님이시다. 하나님의 이름에서 알 수 있듯이 하나님은 전능하시고 모든 군대의 하나님이시다. 하나님이 세상에서 하지 못하시는 것은 하나도 없다.

그러나 성도들은 어떤 고난에 처하면, 전능하신 하나님을 제한적 능력을 가지신 하나님으로 착각해 걱정, 근심, 두려움, 좌절에 종종 빠진다.

성도들이 예수님을 믿으면서도 사탄의 속성인 부정적인 생각을 하면, 이 부정적인 생각이 긍정적인 믿음을 가로막기 때문에 "네 믿음대로 되리라"는 예수님의 말씀이 성취되지 못한다. 또 하나님은 이런 부정적인 생각을 가진 성도들에게는 일하지 않으신다. 부정적인 생각을 주는 사탄이 성도에게서 떠나야만, 하나님이 부리시는 천사를 성도에게 보내셔서 믿음대로 이뤄지도록 도우신다(히 1:14).

예수님을 공격하던 사탄이 떠나자 천사가 와서 예수님을 수종들었다(마 4:11). 부정적인 생각을 하는 성도들은 절대로 성령님의 역사하심을 기대할 수 없다. 성령님은 긍정적인 믿음을 가진 사람에게 그들의 믿음대로 이뤄지도록 역사하신다. 부정적인 생각은 사탄이 주는 생각이므로, 우리는 이를 절대로 용납해서는 안 된다. 즉시 물리쳐야 마귀의 올무에서 벗어날 수 있다.

12세기와 13세기에 걸쳐 생존했던 프란체스코(Francesco, 1181~1226; 영명 성 프란시스)는 1206년 자신의 모든 소유를 버리고 산속에 들어가 수도회를 조직해 수도생활을 했다.

어느 날, 수도사들과 회의를 할 때였다. 모든 수도사들이 프란체스코의 제안에 찬성하는데 한 수도사만 그의 제안을 반대했다. 이때 프란체스코가 반대하는 수도사의 뒷목에 사탄이 붙어 그를 짓누르고 있는 것을 보았다. 프란체스코는 회의를 잠시 중단하고 밖으로 나가 반대하는 수도사에게 붙어서 부정적인 생각을 주는 사탄을 기도로 물리친 후 들어와 다시 회의를 계속했고, 결국 프란체스코의 안건이 통과됐다는 이야기가 있다.

이같이 사탄은 생각을 통해 우리에게 자신의 생각을 넣어주고, 그 생각이 마치 우리의 생각인 것처럼 느끼고 행동하도록 우리를 조종한다. 성도들이 사탄이 주는 생각을 구별하는 방법은 그 생각이 긍정적인지 부정적인지 살펴보는 것이다. 긍정적인 생각은 성령님이 주시는 생각이요, 부정적인 생각은 사탄이 주는 생각이다.

하나님은 말씀을 통해 하나님 자신을 우리에게 계시하신다. 하나님의 말씀은 위대한 능력을 갖고 있다. 하나님은 말씀으로 온 세상 만물을 창조하셨고, 말씀을 통해 모든 기적을 행하셨다. 예수님이 광야에서 시험을 말씀으로 물리치신 것처럼 성도도 말씀으로 부정적인 생각을 물리쳐야 한다.

하나님의 능력의 말씀을 적용하는 성도의 삶

이 권능의 말씀을 우리의 생각에 적용시키면 놀라운 변화가 일어난다. 능력의 말씀을 우리 생활에 적용시키기 위해서는 먼저 능력의 말씀을 늘 읽고, 생활에 필요한 말씀들을 암기해야 한다. 우리 내면을 하나님의 능력의 말씀으로 충만하게 해 사탄의 공격을 능력의 말씀으로 물리치는 습관을 길러야 한다. 생각을 통해 공격하는 마귀 사탄을 물리치기 위한 최고의 방법은 바로 능력의 말씀을 암기하는 것이다. 이보다 더 좋은 방법은 없다.

'암기하다'는 영어로 'Learn by heart'이다. 'learn'은 '배우다'라는 뜻이고, 'by heart'는 '마음으로'라는 의미다. '암기하다'의 프랑스어는 'Apprendre par coeur'이다. 'apprendre'는 '배우다'이고, 'par coeur'는 '마음으로'다. 즉 '암기하다'는 '마음에 기억하는 것'이다.

우리 몸과 정신의 중심인 마음으로 말씀을 읽고 암기해 말씀의 전신갑주로 무장해야만 사탄을 물리칠 수 있다.

그런데 성도가 사탄을 물리치기 위해 말씀을 읽고 암기하는 것을 사탄도 알고 있다. 그래서 사탄은 성도가 성경을 읽지 못하도록 방해하고 말씀 생활을 하지 못하도록 공격하는데, 이 때 사탄을 이기지 못하면 사탄에게 끌려다니게 된다.

성도가 사탄에게 끌려다니는 이유는 첫째, 사탄을 물리치는 말씀을 읽기는 하지만 말씀을 실천하지 못하기 때문이고, 둘째, 읽은 말씀을 믿는 믿음이 없기 때문이며, 셋째, 기도가 부족하기 때문이다.

사탄을 이기는 순서는 먼저 하나님의 능력의 말씀을 읽고 그것을 굳게 믿어야 한다. 읽은 말씀을 마음에 새기고 삶 속에서 실천해야 한다. 이 믿음은 하나님의 뜻을 이 땅에 이루는 능력이 된다. 그리고 이 믿음을 마음에 굳게 부여잡고 기도해야 한다.

이렇게 말씀을 읽고, 읽은 말씀을 믿으며 사탄을 물리치는 기도를 하는 3박자의 삶이 이뤄지면 그것이 곧 말씀이 육신이 되는 것이다. 말씀이 육신이 돼야 성령님이 우리 속에서 활발하게 역사하실 수 있다. 성령님이 활발하게 역사하셔야 우리 마음이 성령님의 지배를 받을 수 있게 된다.

성령님의 지배를 받는 것이 바로 성령 충만함이다. 성령으로 충만해지면 마음과 생각이 성령님을 닮아 가게 된다. 마음과 생각이 성령님을 닮으면 우리 앞길을 가로막아 전진하지 못하게 방해하던 부정적인 마음과 생각들이 긍정적인 마음과 생각으로 변하게 된다.

‘나는 할 수 없다’, ‘나는 능력이 없다’, ‘나는 불행하다’ 등의 부정적인 생각들이 ‘나는 할 수 있다’, ‘나는 능력이 있다’, ‘나는 행복하다’라는 긍정적인 생각들로 변하게 된다.

이렇게 성령님이 우리 마음과 생각을 지배하는 성령 충만한 삶을 살면 슬픔이 기쁨으로 변하고, 탄식이 찬송으로 변하며 절망이 소망으로 변하게 된다. 곧 기쁨과 소망과 행복이 충만한 삶으로 변하게 되는 것이다.

말씀과 믿음과 기도의 3박자가 일치할 때 성령 충만함이 이뤄지며, 성령 충만할 때 부정적인 생각을 주는 사탄이 우리에게서 떠나가게 된다. 이때부터 하나님이 우리와 동행하시는 형통한 삶이 전개된다. 할렐루야!

사탄은 거짓 학설로 기독교의 믿음을 변질시킨다

사탄은 끊임없이 거짓 학설이나 거짓 기독교 이론으로 교인들과 사회를 속여 하나님의 계획을 방해한다. 사탄은 하나님의 존재를 부인하며, 하나님의 지배를 부인한다. 사탄은 다음과 같은 거짓 학설들을 통해 교회와 성도를 공격한다. 이 세계를 설명하기 위해 사탄은 하나님의 창조 대신 진화를, 하나님의 섭리 대신 자연주의(自然主義)[3]를, 하나님의 구원 대신 인간의 진보를, 하나님의 지상 왕국 대신 인간의 유토피아를 적당

---

3) 자연주의 : 철학에서 자연을 오직 하나의 실재(實在)로 보고, 모든 현상을 자연과학의 방법으로 설명하는 이론

한 거짓말로 포장해 주장한다. 또 무신론(無神論), 불가지론(不可知論)[4], 실용주의(實用主義)[5] 및 상대주의(相對主義)[6]는 사탄이 진리 대신 바꾸어 놓은 것들이다. 이런 경향들은 "이 세상 신이 믿지 아니하는 자들의 마음을 혼미케 하여 그리스도의 영광의 복음의 광채가 비취지 못하게 함으로써"(고후 4:4), 세상 사람들의 영적 눈을 어둡게 한다. "사탄의 일꾼들도 자기들의 의(義)의 일꾼들로 가장하여"(고후 11:15), "세상의 많은 성도들을 속이는 역사를 행하고 있다"(계 12:9)라고 성경은 말한다.

이 사탄은 또한 거짓 종교를 조장한다. 사탄은 비성경적인 종교를 만들고 참 종교를 왜곡한다. 참 종교를 왜곡하는 경우는 빛의 사자로 가장한 거짓 하나님의 종들이 신학교나 교회에 상당수 있는 것이다.

사도 요한은 이미 2천 년 전에 "내가 네 환난과 궁핍을 아노니 실상은 네가 부요한 자니라 유대인이라 하는 자들의 훼방도 아노니 실상은 유대인이 아니요 사탄의 회당이라"(계 2:9)라고 이 땅에 거짓 주의 종들이 있을 것이라고 예언했다. 이 예언처럼 "다른 복음이 없는데도 이런 사람들이 우리를 요란케 하여 그리스도의 복음을 변하게 하는"(갈 1:7) 거짓 주의 종들이 지금 이 땅에 상당히 많다.

20세기 미국의 예언자적인 에이든 토저(A. W. Tozeer) 목사가 이

---

4) 불가지론 : 초경험적인 것의 존재나 본질은 인식할 수 없다고 주장하는 인식론(認識論)
5) 실용주의 : 철학에서 실생활에 유용한 지식과 실용성이 있는 이론만이 진리로서의 가치가 있다고 하는 이론
6) 상대주의 : 진리나 가치의 절대성을 부인하고 모든 것은 상대적이라는 입장에 서는 학설

단에 대해 다음과 같이 말한다.

어디에서든지 기독교 교회가 잠식당하기 전에 제일 먼저 기본 신학이 부패한다. 교회는 단지 "하나님은 어떤 분이신가?"라는 질문에 대해서만 대답을 했을 테지만 여기서부터 악화일로를 걷게 된다. 이렇게 되면 교회가 명목상으로는 계속 건전한 신조를 고수할지라도 실제 통용되는 신조는 벌써 잘못되어 있는 것이다. 일반 신자들은 하나님을 실제의 그분이 아닌 다른 무엇으로 믿게 되는 것이다. 이것은 가장 음흉하고 치명적인 이단이다.

니콜라우스 쿠자누스(Nicholaus of Cusa)도 이렇게 말했다.

지성은 지존하신 주님에 대해 무지하다는 것을 압니다. 알 수 없는 것이 알 수 있게, 볼 수 없는 것이 볼 수 있게, 그리고 얻을 수 없는 것이 얻을 수 있게 되지 않는 한, 지존하신 주님을 알 수 없다는 것을 알기 때문입니다. … 누가 지존하신 주를 상상할 수 있는 어떤 개념을 내 놓는다면 저는 그 개념이 주에 대한 개념이 아니라는 것을 압니다. 개념은 모두 낙원 안에 이르지 못하고 성벽에서 끝나기 때문입니다. … 또한 누구든지 주를 이해하는 방법을 제공한답시고 주에 대한 지식을 피력한다면, 이 사람은 아직도 주로부터 멀리 있는 셈입니다. … 주께서는 인간이 생각해 낸 모든 개념들을 초월하신 절대자이시기 때문입니다.

하나님은 성경을 통해 자신에 대해 "아들과 또 아들의 소원

대로 계시를 받는 자 외에는 아버지를 아는 자가 없느니라"(마 11:27)라고 말씀하신다. 에이든 토저 목사는 하나님을 아는 문제에 대해 다음과 같이 말한다.

> 그분께서는 자신을 이성에 드러내시지 않고 믿음과 사랑에 드러내신다. 믿음은 지식의 기관(organ)이고, 사랑은 경험의 기관이다. 하나님은 성육신하시어 우리에게 오셨다. 속죄자로서 그분은 우리들을 그분과 화목하게 하셨으며, 우리는 믿음과 사랑으로 그분께로 들어가고 그분을 붙든다.

또한 마지막 때에는 많은 적그리스도가 출현한다(요일 2:18). 이는 사탄의 속성이 처음부터 거짓말로 사람을 미혹하고 꾀어 하나님의 길에서 넘어지게 하는 것이기 때문에 "예수님이 그리스도이심을 부인하고 또한 하나님 아버지와 그의 아들 예수를 부인하고"(요일 2:22) 자기가 자칭 예수라 하는 적그리스도들이 이 땅에 많이 있다. "예수를 시인하지 않는 영마다 하나님께 속한 것이 아니요 이것이 곧 적그리스도의 영"(요일 4:3)이라고 성경은 단언한다.

이렇게 사탄은 거짓말을 진실로 포장해 사람들을 거짓의 길로 인도한다. 하나님의 인격과 권위에 대한 반역을 하게 하는 것이 사탄이 하는 모든 일의 핵심이다. 사탄은 하나님의 주권적인 지배 하에서 절대로 벗어날 수 없는 존재다. 그러나 피조물들의 자유라고 하는 한계 내에서 사탄은 하나님의 주권적 지배를 방해한다. 사탄은 에덴동산에서 거짓말이라는 속임수으로 하나님의 지배를 방해했다. 사탄은 거짓을 진실로 위장해 사람으로 하여금 하나님께 대적하게 하고, 사탄에게는 복종하게 한다. 이것이 사탄이 거짓을 진실로 위장하는 목적이다.

그러므로 잠언 25장 28절은 "자기의 마음을 제어하지 아니하는 자는 성읍이 무너지고 성벽이 없는 것 같으니라"라고 했고, 잠언 4장 23절은 "무릇 지킬 만한 것보다 더욱 네 마음을 지키라 생명의 근원이 이에서 남이니라"라고 말한다.

항상 하나님의 능력의 말씀을 읽고, 외우며 기도하는 성도는 성령의 검(엡 6:17)으로 무장된 믿음을 가진 성도다. 이런 성도에게는 사탄이 절대로 접근하지 못해 결국 승리할 수 있는 것이다.

2. 성격을 통하여 성도를 공격하는 사탄

"육체의 소욕은 성령을 거스르고 성령은 육체를 거스르나니 이 둘
이 서로 대적함으로 너희가 원하는 것을 하지 못하게 하려 함이니라
… 육체의 일은 분명하니 곧 음행과 더러운 것과 호색과 우상 숭배
와 주술과 원수 맺는 것과 분쟁과 시기와 분냄과 당 짓는 것과 분열
함과 이단과 투기와 술취함과 방탕함과 또 그와 같은 것들이라 전에
너희에게 경계한 것같이 경계하노니 이런 일을 하는 것들은 하나님
의 나라를 유업으로 받지 못할 것이요"(갈 5:17, 19~21).

사탄은 성도의 성격을 통해 공격한다

추부길과 김정희가 여러 학자들이 정의 내린 남녀의 차이
를 정리해 펴낸 『남녀의 차이와 부부역할』은 남녀의 성격적 차
이를 다음과 같이 정리한다.

남성은 성취 중심(goal oriented)의 행동양식을 갖는다. 남자는 목적을 성취하고 문제를 해결하는 데 관심이 있기 때문에 그의 말은 자연히 이성에 바탕을 둔 보고용 대화(report-talk)가 된다. 반면 여성적이라는 말은 친밀성 경향(intimacy)을 가리킨다. 그래서 여성은 관계 중심(relationship oriented)의 행동양식을 갖는다. 여성은 친밀함을 중요시하고 공감대 형성에 초점을 맞추기에 그들의 대화는 자연히 감정에 바탕을 둔 관계를 위한 대화(rapport-talk)가 된다.

하나님은 인간을 남자와 여자로 창조하실 때, 남자와 여자의 성격을 다르게 창조하셨다. 뿐만 아니라, 남자와 여자는 태어날 때부터 제 각기 다른 성품을 갖는다. 그것은 식생활에서부터 옷 입는 취향, 말하는 태도, 사고하는 방법에 이르기까지 다양하다.

성경에 등장하는 위대한 인물 중, 좋지 않은 성품으로 인해 성경에 기록된 이들이 있다.

모세는 이스라엘 백성을 애굽에서 탈출시킨 지도자다. 하나님은 모세에 대해 대단한 칭찬을 하셨다. "이 사람 모세는 온유함이 지면의 모든 사람보다 더하더라"(민 12:3). 그러나 모세에게도 결정적인 결점이 있었다.

이스라엘 백성이 출애굽해 광야의 여정이 거의 끝나갈 무렵, 즉 광야에서 방황한 지 38년째이자, 출애굽한 지 40년째 되는 해에 가데스 바네아에 머물 때다. 이스라엘 백성은 바란 광야의 가데스에서 하나님을 거역한 후 38년 동안의 광야 생활을 마감하고 가데스 바네아에 다시 도착했다.

이스라엘 백성은 38년 동안의 기나긴 시간 동안 죽음과 고통의 광야를 끊임없이 행진하였으나 기갈과 음식 부족과 더운 날씨라는 환경 때문에 죽은 사람은 없었다. 왜냐하면 하나님이 그들의 필요를 날마다 채워 주시면서 그들의 행군을 인도하셨기 때문이다. 그럼에도 불구하고 이스라엘 백성은 불평과 원망을 일삼았으며, 자신들의 죄로 인해 가나안 땅에 들어가지 못하는 것에 대해 조금도 반성하지 않았다.

이렇게 완악한 이스라엘 백성이 다시 가데스에 도착했을 때 마실 물이 없었다. 그러자 그들은 모세와 아론을 향해 "우리 형제들이 죽을 때 우리도 죽었더라면 좋을 뻔하였다. 너희가 어찌하여 우리를 광야로 인도하여 우리와 짐승이 다 죽게 하느냐? 너희가 어찌하여 무화과도 없고 포도도 없고 석류도 없고 물도 없는 곳으로 우리를 인도하였느냐?"라고 원망하고 불평했다. 모세와 아론이 하나님 앞에 엎드려 기도하자 하나님은 "지팡이를 가지고 네 형 아론과 함께 회중을 모으고 그들의 목전에서 너희는 반석에게 명령하여 물을 내라"(민 20:8)라고 말씀하셨다. 그러나 모세는 하나님의 말씀대로 반석에게 명령해 반석에서 물이 나오도록 하지 않고, 손을 들어 지팡이로 반석을 두 번 쳐서 물이 나오게 했다.

모세가 하나님의 말씀대로 반석에게 명령해 물이 나오도록 하지 않고, 지팡이로 박석을 두 번 쳤다는 것은 무엇을 의미할까? '반석에게 명령하여'는 무생물에 대한 하나님의 주권을 강조하는 명령이다. 하나님은 '말씀'으로 천지를 창조하시고, 창조하신 만물을 말씀으로 운행하신다(창 1장; 요 1:3). 피조 세계에서 하나님의 간섭 없이 존재할 수 있는 것은 아무것도 없다(롬 11:36).

모세에게 명하신 그 반석이나 모세에게 이적적(異蹟的)인 능력이 있어서가 아니라, 하나님의 말씀의 능력으로 반석에서 물이 흘러나오는 것이다. 그러나 완악한 백성에게 시달려온 모세와 아론은 하나님과 이스라엘 백성 사이에서 중보자 역할만 할 뿐, 그들에게는 백성에게 임의로 상을 주거나 벌을 줄 수 있는 권한이 없었다. 이 일을 할 수 있는 분은 오직 하나님 한 분 뿐이시다. 그러나 모세가 '손을 들어 지팡이로 반석을 두 번 쳤다'는 것은 모세와 아론이 자신들의 분수를 넘어, 백성을 질타하고 백성에게 화를 발함으로써 비신앙적인 태도로 하나님의 말씀에 순종하지 않았음을 의미한다.

모세가 애굽의 왕자로 있을 때, 어느 날 시내에 나갔다가 애굽 사람이 자기 동족 이스라엘 사람을 치고 있는 것을 보고 분개해, 그 애굽 사람을 쳐 죽여 모래 속에 감췄다. 다음 날 다시 시내에 나갔을 때는 이스라엘 동족끼리 싸우는 것을 보았다. 모세가 잘못한 사람에게 "네가 어찌하여 동족을 치느냐?"라고 말하자 그 사람이 모세에게 "누가 너를 우리의 재판관으로 삼았느냐 네가 애굽 사람을 죽인 것처럼 나도 죽이려느냐?"라고 말했다. 이 말을 들은 모세는 자기가 애굽 사람을 죽인 것이 발각된 것을 알고 미디안 광야로 도망쳤다.

과거 혈기로 사람을 죽인 모세에게 하나님은 "이 사람 모세는 온유함이 지면의 모든 사람보다 더하더라"라고 극찬하셨다. 그러나 모세에게도 '혈기'라는 극히 나쁜 성품이 있었던 것이다. 모세는 애굽의 왕자였을 때도 혈기 때문에 애굽 사람을 죽였고, 반석에게 말로 명령해 물이 나오도록 하라는 하나님의 명령을 어기고 혈기 때문에 지팡이로 반석을 쳤다. 모세는 자기 임의대로 이스라엘 백성에게 사적인 권리를 주장할 수 없고, 또 이스라엘 백성에게 벌을 내릴 권한이 없음에도 불구하고 백성에게 화를 내어 말하기를 "반역한 너희여 들으라 우리가 너희를 위하여 이 반석에서 물을 내랴"라고 말했다.

마치 모세가 이스라엘 백성에게 물을 줄 수도 있고, 주지 않을 수도 있는 능력이 있다는 듯이 화를 내면서 손을 들어 지팡이로 반석을 두 번 친 것이다.

'온유함'은 히브리어로 '아나이브'이다. 이는 내적 평안으로 인해 나오는 것으로, 하나님의 은혜와 평강 없이는 불가능한 덕목이다. '온유함'은 성령의 열매 중의 하나다(갈 5:23). 온유한 자는 타인에 대해 관대하며(마 18:21~22), 죄인에 대해서 회개할 때까지 인애하는 사람이다(벧전 2:19~25). 이렇게 '온유함'은 자기를 비방하는 소리에도 요동하지 않으며 자신의 인격과 감정 전체를 하나님께 의탁하고, 묵묵히 참고 하나님의 뜻을 기다리는 성품이다.

이 단어를 한문으로 옮기면 '따뜻할 온'(溫)과 '부드러울 유'

(柔)를 써서 '마음씨가 따뜻하고 부드러움'이란 의미가 된다. 하나님은 '모세의 부드러운 성격이 이 땅에서 어느 누구보다도 뛰어난 사람이다'라고 극찬하셨는데, 왜 모세는 므리바에서 마실 물을 달라고 하는 이스라엘 백성에게 온유함을 보여 주지 못했는지 의문이 든다.

40년 동안 모세는 하나님과 이스라엘 백성 사이에서 중재자로 일했다. 이때 이스라엘 백성은 걸핏하면 모세를 향해 원망하고 불평했고, 때로는 모세를 죽이려고 돌을 던지기도 했다. 그때마다 모세는 온유한 성품 때문에 겸손히 하나님 앞에 엎드려 모든 문제들을 기도로 해결하기 위해 애썼다.

그러나 모세도 40년 동안 이스라엘 백성에게 시달림을 받았기에 그 온유한 성품이 깨어진 상태가 됐다. 뿐만 아니라, 조금만 더 가면 모압 평지에 도착해 요단 강 건너편 길르앗 평지가 보이는 곳에 이르게 된다. 그렇게도 그리던 젖과 꿀이 흐르는 가나안 땅에 들어갈 시간이 다가온 것이다. 사탄은 이때가 바로 모세를 공격할 때다 하고 모세의 마음에 '너 많이 참았지? 이제 한번쯤 화를 낼 만한데 안 그러니?' 하며 화를 내도록 유도했다. 모세는 그의 장점인 온유함으로 사탄의 유혹을 물리치지 못하고 그만 이스라엘 백성에게 화를 냈다. 그래서 하나님은 "모세와 아론에게 이르시되 너희가 나를 믿지 아니하고 이스라엘 자손의 목전에서 내 거룩함을 나타내지 아니한 고로 너희는 이 회중을 내가 그들에게 준 땅으로 인도하여 들이지 못하리라"(민 20:12)라는 징벌을 내리셨다.

'라코스티즘'이란 말이 있다. 1815년 프랑스의 나폴레옹과 영국의 웰링턴 장군의 대결 전장인 워털루 인근에 사는 이름도 없는 마을의 한 농부 이름이 '라코스트'였다. 그는 나폴레옹 주력 부대의 길 안내자로 징발됐다. 결전장인 몽상장 고지의 이쪽저쪽 지형을 훤히 잘 알고 있었기 때문이었다.

쌍안경으로 고지의 능선을 훑어보던 나폴레옹이 곁에 있던 라코스트에게 작은 소리로 무엇인가를 물었다. 이에 라코스트가 옆으로 고개를 흔들었다. 수분 후 나폴레옹은 그의 정예부대인 흉갑기병 사단에 돌격 명령을 내렸다. 정상에 쇄도한 이 부대는 그 반대편 수십 미터나 되는 벼랑에서 추락 몰사했다. 이 일이 실마리가 돼 나폴레옹은 전쟁에서 패하게 된다. 만약 이 작전만 성공했다면 나폴레옹은 유럽의 황제가 됐을 것이다. 이 라코스트의 고갯짓 하나가 세계사를 바꿔 놓았다. 나폴레옹이 물었던 것은 저편 고지의 지형이었을 것이다. 라코스트는 'no'라고 고개를 흔들었다. 돌격해서는 안 된다는 'no'였을 것이다. 그러나 나폴레옹은 장애가 없다는 'no'로 알아들었다. 이같이 실수로 인생이 바뀌는 것을 '라코스티즘'이라고 한다.

40년 동안 온유함과 인내로 참아 온 모세가 조금만 가면 축복의 가나안 땅에 들어갈 수 있는데, 마지막 순간에 자신의 결점인 혈기를 이기지 못해 백성 앞에서 화를 발해 가나안 땅을 밟을 기회를 놓친 것은 '모세의 라코스티즘'이다.

다윗 왕의 군사들이 암몬과 한참 전쟁을 하고 있을 때 다윗 왕은 왕궁 옥상에서 거닐다 아래를 바라보니 어느 여인이 목욕하는데 매우 아름답게 보였다. 다윗 왕은 사람을 보내 밧세바라 하는 여인을 왕궁으로 데려와 동침했고, 그 여인은 아이를 임신하게 됐다.

다윗 왕은 자기의 음행을 감추기 위해 밧세바의 남편 우리아를 전쟁터 최전방에 보내 싸우다 죽도록 요압 장군에게 편지를 보냈다. 아무 영문도 모르는 요압 장군은 우리아를 최전방에 보내 싸우다가 죽게 했다. 이 사건을 불꽃같은 눈으로 보시던 하나님은 나단 선지자를 다윗 왕에게 보내시어 그를 책망하셨다.

"그러한데 어찌하여 네가 여호와의 말씀을 업신여기고 나 보기에 악을 행하였느냐 네가 칼로 헷 사람 우리아의 아내를 빼앗아 네 아내로 삼았도다 이제 네가 나를 업신여기고 헷 사람 우리아의 아내를 빼앗아 네 아내로 삼았은즉 칼이 네 집에서 영원토록 떠나지 아니하리라 하셨고 여호와께서 또 이와 같이 이르시기를 보라 내가 너와 네 집에 재앙을 일으키고 내가 네 눈앞에서 네 아내를 빼앗아 네 이웃들에게 주리니 그 사람들이 네 아내들과 더불어 백주에 동침하리라"(삼하 12:9~11).

다윗 왕은 이 음행 사건으로 인해 그동안 쌓아온 명예를 잃었을 뿐만 아니라, 백성으로부터 비난과 조롱을 받으며 아들 압살롬의 반역으로 쫓기는 신세가 됐다. 다윗 왕은 사탄이 생각을 통해 음욕을 심어 줄 때, 그것을 물리치지 못해 큰 오점을 남겼다. 이는 '다윗의 라코스티즘'이다.

사탄은 감성을 통해 성도를 공격한다

    인간의 마음은 인격적 활동의 중심으로, 지성(知性)과 감정(感情)과 의지(意志)의 정신활동이 이루어지는 곳이다. 하나님은 지정의를 통해 성도들과 영적 교통을 하신다. 그런데 지성이 강한 사람이 있고, 감정이 강한 사람이 있으며, 의지가 강한 사람이 있다. 하나님이 '지면에서 가장 온유한 사람'이라고 극찬하신 모세와 '내 마음에 합한 사람'이라고 칭찬하신 다윗 왕조차 감정을 통해 마귀 사탄이 넘어지게 한 것처럼, 오늘날 신앙생활을 하는 성도들 중 특히 베드로와 같이 쾌활하고 성급하며 인내력이 부족한 다혈질(多血質)의 감정이 강한 사람은 사탄의 집중 공격을 받기 쉽다.

20세기 기독교 석학인 영국의 C. S. 루이스(Lewis)는 사탄이 이런 감정이 풍성한 사람을 공격하는 예를 『스크루테이프의 편지』에서 다음과 같이 말한다.

    어차피 그리스도인이 될 수밖에 없는 인간이라면 적어도 무언가 다른 그리스도인을 만들어야지. 신앙이 있어야 할 자리에 무언가 기독교적 색채를 띤 유행을 들어앉히거라. '예나 지금이나 변함없는 것'이라면 무조건 질색하는 감정을 파고들라 이 말이야. 이 감정은 우리가 인간의 마음에 만들어 낸 가장 값진 열정이다. 이 감정이야말로 종교에서는 이단을, 조언을 할 때는 어리석음을, 결혼생활에서는 부정(不貞)을, 우정에서는 변덕을 일으키는 원천이지 ⋯ 새것을 찾는 이 욕망은 풍조를 창출해 내는 데 꼭 필요한 요소가 된다. 사상의 유행을 이용하면 진짜 위험한 것에 관심을 갖지 못하도록 방해할 수 있지. 각 세대마다 가장 덜 위험한 악은 반대하면서 우리가 그때그때 퍼뜨리고 싶은 악에 가장 가까운 미덕은 찬성하도록 유행의 구호를 몰고 가면 된다구. 홍수가 날 때는 소화기를 들고 설치게 하고, 배가 침몰할 때는 뱃전까지 물이 들어오는 쪽으로만 몰려들게 하는 게 우리 작전이야. 인간들이 모조리 세속화되고 열정이 식을 때에는 열정의 위험성을 조목조목 폭로하는 사조를 유행시키고, 1세기쯤 지나 사람들이 모조리 바이런[7] 식의 감상에 빠졌을 때에는 단순한 '오성'(梧性)의 위험을 부르짖도록 유행을 바꾸어 버리는 게지. 또 잔인한 시대에는 감상을 경계하게 하고, 나태하고 게으른 시대에는 체면을 경계하게 하며, 선정적인 시대에는 청교도 주의를 경계해야 한다. 인간들이 죄다 노예 내지는 폭군이 되려고 안달 나 있을 때에는 물론 자유주의를 최고의 적으로 만들어야지.

이렇게 마귀 사탄은 성도들의 감정을 이용해 성도들을 공격한다. 성도들은 삶의 고비에서 자신의 좋지 않은 성격을 통해 공격하는 사탄을 물리치지 못함으로, 모세와 다윗 왕같이 인생이 바뀌는 라코스티즘이 없었는지 깊이 생각해 봐야 한다. 우리는 하나님이 언제나 불꽃같은 눈으로 우리의 일거수일투족을 감찰하고 계심을 명심해야 한다.

---

7) Lord George Gordon Byron : 19세기 영국의 낭만시인

'거짓말하는 성격' 때문에, '이간질하는 성격' 때문에, '탐욕' 때문에, '음행' 때문에, '혈기' 때문에 인생의 중대한 고비의 길목에서 사탄의 공격으로 모세와 다윗 왕처럼 실족하지 않도록 항상 깨어 말씀을 붙잡고 기도해야 한다.

그래서 하나님은 "자기 마음을 제어하지 아니하는 자는 성읍이 무너지고 성벽이 없는 것과 같기"(잠 25:28) 때문에 "노를 품는 자와 사귀지 말며 울분한 자와 동행하지 말라"(잠 22:24)라고 말씀하시면서, "모든 지킬 만한 것 중에 더욱 네 마음을 지키라 생명의 근원이 이에서 남이니라"(잠 4:23)라고 말씀하신다.

40여 년 전에 우리 부부가 주님께 돌아와 열심히 기도생활을 하고 있을 때 옆집에 감리교회 장로님이 살고 있었다. 이 장로님의 사모가 자기는 평생 교회를 다녔어도 방언이 무엇인지도 모르고 기도를 10분 이상 해 본 적이 없는데, 우리 집에서 들려오는 기도는 한번 시작했다하면 2~3시간 하는 것을 듣고는 도전을 받았다. 하나님께 자기에게도 옆집 사람들처럼 기도의 영을 달라고 기도했다.

그런데 이분은 기도하기 전에 반드시 회개기도를 해야 한다는 사실을 모르고 우리 부부처럼 기도하겠다는 욕심만 가지고 막무가내로 하나님께 기도의 영을 달라고 기도한 것이다. 그렇게 기도하던 중 사탄이 들어와 '사랑하는 딸아, 너는 몇 월 며칠에 죽으니 상복을 준비하라'라고 말했다. 그런데 그 말이 하나님의 말씀인지 마귀 사탄의 말인지 분별하지 못한 것이다.

이런 말이 들릴 때는 '예수의 피로 마귀 사탄아! 물러가라'고 세 번 이상 물리쳐도 계속 같은 음성이 들리면, 그것은 하나님의 말씀으로 알고 받아야 하는데, 이분은 마귀 사탄을 물리치지 않고, 사탄이 주는 거짓말을 아멘으로 받아들여 실제로 상복을 준비하는 등 완전히 사탄에게 사로잡혔다. 이분이 사탄에게 붙잡힌 이유는 사탄이 이분에게 있던 탐욕을 이용해 공격한다는 사실을 몰랐기 때문이다.

한번은 삼각산 집회에 참석했는데, 예배가 끝나가는 광고 시간에 목사님이 여기 참석한 분들이 은혜를 많이 받고 가는데, 교회 문 밖에만 나가면 여러분을 기다리고 있던 마귀가 공격할 것이니 받은 은혜를 쏟지 않도록 조심하라고 말씀하셨다. 나는 속으로 '마귀가 어떻게 받은 은혜를 쏟도록 방해를 해?' 하며 말도 되지 않는 소리를 한다고 목사님의 말씀을 믿지 않았다.

귀갓길에 버스를 타고 신일고등학교 앞쯤 왔을 때 버스가 고장이 나서 오도 가도 못했다. 그런데 버스 안내 아가씨가 아무런 조치를 취하지 않았다. 혈기가 많은 나는 화가 나서 안내 아가씨에게 우리를 다른 버스에 태워 주든지, 버스비를 환불해 주든지 하지 왜 이렇게 잠자코 있냐고 소리를 질렀다. 소리를 지르고 나자 '교회 문 밖에만 나가면 여러분을 기다리고 있던 마귀가 공격할 것이니 받은 은혜를 쏟지 않도록 조심하라'라는 말씀이 떠올랐다. 이렇게 사탄은 사람의 성격을 통해 공격한다.

40여 년 전 여름 어느 주일 오후였다. 우리 집은 막다른 골목에 있어 좀처럼 거지가 오지 않는 편이었다. 그날따라 대문을 잠그지 않았는데, 웬 나병 환자가 동냥을 얻으려고 우리 집에 왔다. 당시 물가로 20환이면 요새 500원 자리 빵 2개 정도는 살 수 있었는데, 나는 그 돈을 거지에게 주었다. 이를 마루에서 보고 있던 아내가 거지에게 20환이나 주는 나의 헤픈 마음에 대해 10환만 주지 왜 20환이나 주냐고 말했다. 나는 거지가 불쌍해서 20환을 주었다고 했다.

다음 날 아내는 새벽 2시가 기도 시간이어서 새벽에 기도방에서 기도하려고 무릎을 꿇고 앉아 기도를 시작하려는데 어제 왔던 그 거지가 환상 가운데 아내 앞에 나타났다. 그래서 아내가 하나님께 "하나님, 이 사람은 어제 우리 집에 온 거지인데 왜 나타났지요?"라고 물었다. 하나님은 "그렇다. 어제 너희 집에 간 거지다. 그런데 너는 나를 사랑하느냐?"라고 물으셨다. 아내는 "예, 저는 주님을 사랑합니다"라고 대답했다. 그러자 하나님은 "그런데 너는 왜 거지에게 10환만 주라고 했느냐?"라며 책망하시고, "그 거지는 내가 보낸 천사다'라고 말씀하셨다. 하나님은 거지에 대한 아내의 부족한 사랑을 책망하신 것이다. 그러므로 "손님 대접하기를 잊지 말라 이로써 부지중에 천사들을 대접한 이들이 있었느니라"(히 13:2)는 말씀과 같이 성도들은 항상 예수님의 마음으로 살아가야 한다.

기도로 육이 죽어야 지성소에 들어가 하나님을 만난다

　　성도는 성령을 거역하는 육신의 성품들을 죽이는 삶을 살아야 한다. 그렇다면 성경이 말하는 "그리스도 예수의 사람들은 육체와 함께 그 정욕과 탐심을 십자가에 못 박은"(갈 5:24) 삶은 어떻게 사는 삶인가? 말씀을 통해 살펴보겠다.

　　하나님이 이스라엘 백성에게 주신 성막은 세 부분으로 나뉜다. 첫째, 번제단과 물두멍이 있는 성막 안의 뜰이다. 둘째, 떡상과 금촛대와 분향단이 있는 성소다. 셋째, 언약궤가 있는 곳으로, 속죄를 상징하는 거룩한 지성소다.

　　제사장이 성소에서 지성소로 들어가기 위해서는 반드시 이 분향단 앞에서 회개기도를 해야만 들어갈 수가 있다. 이 분향단은 높이가 90센티미터 정도고, 길이와 넓이가 45센티미터 정도 되는 네모반듯한 단이다. 이 분향단은 성소에 있는 기구들 가운데 가장 키가 큰 기구다. 그것은 우리가 하나님께 드릴 수 있는 예배 중에서 가장 차원 높은 고상한 행위로, 기도는 제사장적인 중보의 행위라는 것을 말해 준다.

　　이 분향단은 예수 그리스도의 구속 사역에서 그분에 대한 여러 가지 모형들 가운데 다른 형태의 모형이다. 이것은 나무로 만들어서 다시 그 위에 정금을 입힌 단이다. 그리고 이 분향단은 인성과 신성을 함께 지니고 계시는 예수 그리스도에 대한 그림을 제시해 준다.

　　이 분향단은 성소에서 맨 중앙에 자리 잡고 있다. 그 위치는 진설병상과 금 촛대 사이다. 그리고 이 분향단은 지성소에 있는 언약궤 위에 덮여 있는 피 뿌린 속죄소와 성소를 가로 막고 있는 휘장 바로 앞에 있다.

이 분향단 위에서는 성막 문에 있는 번제단에서 가져온 불씨로 끊임없이 향을 피운다. 이것은 현재 하늘나라에 계시며 우리를 위한 대제사장으로서 중보하시는 구주 예수에 대한 모형이다.

"그리스도께서는 참 것의 그림자인 손으로 만든 성소에 들어가지 아니하시고 바로 그 하늘에 들어가사 이제 우리를 위하여 하나님 앞에 나타내시는"(히 9:24) 예수 그리스도의 그림자인 것이다. 그러므로 그가 피우는 향불의 연기가 계속해서 하나님의 보좌를 나타내는 언약궤와 속죄소 앞에서 피어오르고 있다.

놋으로 된 번제단은 우리를 위한 그리스도의 죽음을 의미하고, 금으로 된 분향단은 부활하시고 살아 계시며 하늘나라로 승천하신 주 예수 그리스도를 의미한다. 그러므로 이 두 제단은 죽음과 부활을 뜻하며, 복음의 전체 내용을 말해 준다.

그러면 성소에서 지성소로 어떻게 들어가야 하는가? 지성소로 들어가는 길은 무거운 휘장으로 완전히 막혀 있다. 그곳은 대제사장 이외에는 아무도 들어갈 수가 없고, 오직 1년에 단 한 번, 속죄일에 한해서 번제단의 제물의 흘린 피를 가지고 들어갈 수 있다. 그 이외의 다른 때에, 혹 피를 갖지 않고 대제사장이 지성소에 들어가면 즉사하는 곳이다. 그러므로 대제사장 이외에 다른 사람들은 절대로 지성소로 들어가지 못하게 휘장으로 막아 놓았다.

우리가 지성소로 들어가기 위해서는 먼저 휘장에 대해 생각해야 한다. 휘장 문제를 해결하지 않고는 지성소로 들어갈 수가 없다. 왜냐하면 언약궤가 이 휘장 뒤에 있는데, 그것은 전능하신 하나님의 보좌를 상징하는 '심판의 보좌'이기 때문이다.

이 휘장은 성소와 지성소 사이를 가로막고 있다. 그리스도의 희생 없이는 절대로 죄를 해결할 수가 없기 때문이다. 하나님께로 나아가는 길을 막고 있던 휘장은 그리스도의 몸이다. "그 길은 우리를 위하여 휘장 가운데로 열어 놓으신 새롭고 산 길이요 휘장은 곧 저의 육체니라"(히 10:20).

이 휘장은 예수 그리스도의 완전하고 무죄하며 거룩하신 인성을 의미한다. 하나님은 자신이 계시는 곳에 아무도 들어오지 못하도록 이 휘장으로 막으셨다. 하나님은 거룩하시기 때문에 죄가 없고 완전한 사람만이 하나님께 나아갈 수 있다.

여기서 말하는 휘장은 히브리서에서 말한 대로 완전한 인성을 지니고 있는 그리스도를 의미하며, 휘장은 우리와 하나님 사이에서 '아무나 출입하지 못함'이라는 의미로 걸려 있다. 예수님이 십자가에서 운명하실 때 성소와 지성소를 가로 막고 있던, '아무나 출입하지 못함'의 휘장이 위에서부터 아래까지 완전히 찢어졌다.

성소와 지성소를 가로막고, 아무나 출입하지 못하도록 한 이 휘장이 찢어졌다는 것은 무엇을 의미하는가?

우리는 신앙생활 할 때, 매일 하나님 말씀을 읽고, 읽은 말씀을 생각을 통해 마음 밭에서 인큐베이팅해 믿음을 성장시키고, 성장한 믿음을 굳게 잡고 날마다 하나님께 기도하는 3박자 믿음생활을 해야 한다. 하나님이신 우리 구주 예수 그리스도를 믿는 중심에는 분향단 앞에 끊임없이 우리의 육체를 십자가에 못 박아 죽인 제물로 하나님께 드리는 기도의 향이 있어야 한다. 이 기도가 바로 예수님의 육체가 죽으신 그 십자가에 우리의 육체를 죽이는 기도다. 더러운 냄새가 나는 육체로는 절대 하나님을 뵐 수 없다. 하나님이 "내가 거룩하니 너희도 거룩하라"(레 19:2)라고 말씀하시기 때문이다. 이 기도만이 모든 죄악의 근원인 옛사람의 쓴 뿌리를 뽑는 능력이다(롬 6:6). 이런 기도를 할 때에 우리 앞을 가로막고 있던 육체의 휘장이 위에서 아래로 찢어져, 지성소로 들어가 하나님을 뵐 수 있게 된다.

아무리 성경을 잘 알아도 기도를 하지 않으면, 성경 말씀을 해석할 지혜를 주시는 성령님의 역사가 없다. 또한 기도가 없으면 아무리 '믿습니다'라고 말해도 엄청난 힘으로 우리를 엄습해 오는 마귀 사탄을 물리칠 수 있는 믿음의 능력이 없다.

그러므로 지성소에 들어가는 입구를 가로막고 있는 휘장 앞에 분향단을 설치해 놓은 이유는, 예수님이 산 제물이 되실 때에 휘장이 찢어진 것같이, 우리도 기도를 통해 우리 몸을 하나님께 산 제물로 바칠 때에만 정욕과 탐심의 모든 육적인 휘장이 찢어져 지성소로 들어가 하나님을 만날 수 있다는 의미다.

그래서 성소에서 분향단이 중요하다. 성도들이 떡상에서

말씀만 먹으면 휘장이 찢어지지 않는다. 성도들이 떡상에서 말씀만 먹으면 촛대의 불빛을 밝힐 수 없다. 성도들이 떡상에서 말씀을 먹고, 말씀으로 빛을 비추는 삶을 살면서 휘장 앞에서 계속해서 기도함으로써, 육체를 산 제물로 드릴 때에 우리 앞을 가로막고 있던 육성의 휘장이 찢어져 지성소로 들어갈 수 있게 된다. 이렇게 기도로 우리의 육체를 죽여 하나님 앞에 제물로 드려질 때에, 우리 앞을 가로막고 있는 육성의 휘장이 찢어지고 하나님께로 나아가는 문이 열리게 된다.

"예수께서 크게 소리 지르시고 영혼이 떠나시니라 이에 성소 휘장이 위로부터 아래까지 찢어져 둘이 되고 땅이 진동하며 바위가 터지고 무덤들이 열리며 자던 성도의 몸이 많이 일어나되"(마 27:50~52)라는 말씀과 같이 예수님은 우리를 위해 그분의 몸을 제물로 드리심으로써, 휘장이 위에서부터 아래까지 찢어져 지성소로 들어갈 수 있는 문을 열어 놓으신 본을 보이셨다.

기독교 믿음의 목표는 하늘나라인 지성소로 들어가 하나님을 만나는 것이다.

3. 세상 풍습과 유전자(DNA)를 통하여
   성도를 공격하는 사탄

"그때에 너희는 그 가운데서 행하여 이 세상 풍조를 따르고 공중의
권세 잡은 자를 따랐으니 곧 지금 불순종의 아들들 가운데서 역사하
시는 영이라"(엡 2:2).

사탄은 세상 풍습을 통해 성도를 공격한다

　　예수님은 하나님의 아들이시다. 하나님의 아들이신 예수님
이 인간 세상으로 내려오시기 위해 몇 가지를 잠시 내려놓으셔
야 했다. 바울은 그것을 빌립보 2장에서 잘 설명하고 있다.

　　"그는 근본 하나님의 본체시나 하나님과 동등 됨을 취할 것
으로 여기지 아니하시고 오히려 자기를 비어 종의 형체를 가져
사람들과 같이 되었고 사람의 모양으로 나타나셨으매 자기를

낮추시고 죽기까지 복종하셨으니 곧 십자가에 죽으심이라"(빌 2:6~8).

6절의 '그는 근본 하나님의 본체시나 하나님과 동등됨을 취할 것으로 여기지 아니하시고'는 성육신하기 전의 예수 그리스도의 본래 모습을 말한다. '근본'이라는 단어가 '본래부터 생존하고 있는'을 뜻하는 것에서 알 수 있듯이, 하나님의 영원성, 하나님의 영광, 하나님의 능력이 예수님께 충만했는데 이런 하나님과 동등됨을 취하지 않았다는 것이다.

또 7절의 '자기를 비어 종의 형체를 가져'에서 '비어'는 하나님의 영원성, 하나님의 영광, 하나님의 능력을 가지고 하나님과 같이 하늘에 계셔서 우주 만물을 통치하는 자가 아니라, 하나님의 영원성, 하나님의 영광, 하나님의 능력을 잠시 내려놓고 인간의 몸을 취하시고 지상에 오시어 사람을 섬기는 종의 형체를 취해, 즉 '사람처럼 되어' 이 땅의 사람으로 탄생하셨다는 의미다.

8절의 '자기를 낮추시고 죽기까지 복종하셨으니'는 하나님께 대한 완전한 순종을 나타내는 말씀이다. 이 순종의 정점이 십자가에서의 죽음이다. 죽음까지도 사양하지 않으시고 가장 천한 죽음인 십자가 죽음으로 우리를 위해 예수님이 생명을 버리셨다는 것이다.

예수님이 하늘에서 하나님의 아들로 권세와 능력과 지위를 잠시 내려놓고 사람을 섬기기 위해 육신의 몸을 입으시고 이 땅에 오신 것에는 어떤 의미가 있는가?

예수님은 하늘나라 사고방식과 생활방식을 모두 버리시고, 사람의 사고방식과 생활방식을 취하셨다. 인간의 사고방식과 생활방식으로는 하늘나라에 갈 수 없다. 하늘나라에는 하늘나라의 사고방식과 하늘나라의 생활방식이 있다. 따라서 하늘나라의 사고방식과 하늘나라의 생활방식을 갖기 위해서는 인간의 사고방식과 인간의 생활방식을 버려야 한다.

하나님이 아브라함에게 "너는 너의 고향과 친척과 아버지 집을 떠나 내가 네게 보여 줄 땅으로 가라"(창 12:1)라고 하신 말씀에는 하늘나라의 사고방식과 생활방식을 갖기 위해서는 인간의 사고방식과 생활방식을 버려야 한다는 의미심장한 뜻이 내포돼 있다.

여기서 '내가 지시할 땅으로 가라'는 말씀은 지금까지 아브라함이 생활 터전을 삼고 살았던 방법을 버리고 하나님이 지시하시는 방법으로 사는 곳으로 가라는 의미의 말씀이다. 모든 그리스도인은 예수 믿기 전의 사고방법과 생활방법을 버려야 한다. 그리고 하나님이 주인이시고, 나는 하나님의 종이라는 사고방식을 가져야 한다. 이 세상 모든 것의 주인은 하나님이시라는 사고방식을 가져야 한다.

나는 하나님의 종으로, 하나님이 내게 맡기신 시간, 재물, 자녀 등을 잘 관리해야 할 의무와 책임이 있는 청지기(벧전 4:10)라는 사고방식을 가져야 한다. 그러므로 "너는 너의 고향과 친척과 아버지 집을 떠나 내가 네게 보여 줄 땅으로 가라"는 하나님의 명령에 아브라함이 순종한 것은, 아브라함이 지금까지 살아왔던 사고방식과 생활방식을 버리고 하나님의 사고방식과 생활방식을 따랐다는 것을 의미한다.

"우리가 알거니와 우리 옛사람이 예수와 함께 십자가에 못 박힌 것은 죄의 몸이 멸하여 다시는 우리가 죄에게 종노릇하지 아니하려 함이니"(롬 6:6)라는 말씀은 예수를 나의 구세주로 모시고 회개하며 세례 받을 때, 우리의 옛사람도 함께 십자가에 못 박아 죽는다는 것이다. 그런데도 신앙생활을 하면서 예수님과 함께 십자가에 못 박아 죽은 옛사람이 다시 살아나 구습을 버리지 못하고 예전 모습을 답습하며 기독교인 행세를 하는 명목상의 그리스도인들이 많이 있다. 그래서 성경은

"너희는 유혹의 욕심을 따라 썩어져 가는 구습을 따르는 옛사람을 벗어 버리라"(엡 4:22)라고 말한다. 그렇다면 그리스도인들이 버려야 할 옛것에는 무엇이 있을까?

첫째, 유물주의 사고방식을 버려야 한다. 유물주의 사고방식을 하나님 우선주의 사고방식으로 바꿔야 한다. 모든 생활방식을 하나님의 말씀 틀 안에서 생각하고 행동해야 한다. 예로 들면, 주일날 결혼식이나, 회갑연이나, 돌잔치 등이 있다면 예수 믿지 않던 때는 이런 행사에 참석했지만, 이제는 하나님의 백성이기 때문에 주일을 지키라는 말씀에 순종해 축의금만 보내고 주일을 지켜야 한다.

사탄은 믿음이 약한 자들이 주일에 교회 가지 못하도록 세상 풍습과 행사를 통해 공격한다는 것을 알아야 한다.

우리는 이렇게 내 마음대로 쓸 수 없는 시간이 있음을 분명

히 알고, 분별해 시간을 사용하는 사고방식을 가져야 한다. 특별히 새벽 시간은 내 마음대로 쓸 수 없는 하나님의 시간이다. 이 시간에는 하나님께 기도하고 성경을 읽어야 한다. 우리는 하나님의 일과 세상일을 구별할 줄 아는 생활을 해야 한다. 하나님의 일을 제쳐 두고, 세상일을 우선순위에 놓아서는 안 된다.

세상일보다 하나님의 일을 우선순위에 놓고 하나님의 일을 먼저 해야 한다. 이렇게 사는 것이 옛 구습을 버리는 삶이다. 이 옛 구습인 세상 풍습을 버리지 않으면 사탄은 이것을 통해 계속해서 성도를 공격한다.

둘째, 남탓을 하는 사고방식을 버려야 한다. 갑자기 내게 어떤 사건이 일어났다고 가정해 보자. 예수 믿지 않던 때는 누구누구가 잘못해서 이런 일이 생겼다며 남탓을 한다. 그러나 예수 믿은 후로는 '하나님이 무슨 뜻으로 이런 일을 내게 주셨는가?'라고 생각하는 사고방식을 가져야 한다. 자신에게 일어난 모든 일을 하나님이 주시는 말씀으로 받아들여야 한다. 그리스도인에게 '우연'이라는 것은 없다. 모든 사건은 하나님 안에서 이루어지는 필연이다. '필연'은 하나님이 어떤 사건을 통해 하나님의 뜻을 주시기 위해 일어나게 하시는 사건이다. 우리에게 일어난 문제는 하나님을 찾으라는 하나님의 사인이다. 하나님은 우리에게 성경 말씀을 통해 말씀하신다. 그러나 우리가 미련하고 우둔해 하나님의 말씀을 읽으면서도 깨닫지 못하기 때문에, 하나님은 어떤 사건을 통해 말씀하시기도 한다.

한번은 아내와 함께 수원 칠보산 기도원에 가는 고속도로 톨게이트를 막 통과해 나오는데, 운전면허증을 가지고 오지 않은 것이 생각났다. 옆에 있는 아내에게 이 말을 했더니 아내는 기도원에 도착할 때까지 운전하는 사람이 운전면허증을 가지고 오지 않았다며 잔소리를 했다. 기도원에 도착해 짐을 방에 옮기고 아내가 무사히 도착하도록 인도해 주심을 하나님께 감사기도를 하는데, 하나님이 아내를 통해 방언기도와 통변으로 "사랑하는 딸아, 염려하지 마라. 다 나의 뜻이니라"라고 말씀하시고 나서야 아내의 잔소리가 그쳤다.

이렇게 모든 일에는 간섭하시는 하나님의 뜻이 있다. 그러므로 그리스도인은 삶에서 일어나는 여러 가지 사건들을 통해 하나님이 우리에게 어떤 말씀을 하시는지 알도록 힘써야 한다.

사탄은 제사(祭祀)를 통해 성도를 공격한다

우리나라에는 악습인 제사라는 관습이 있는데, 그것이 발목을 잡아 기독교의 발전을 저해하고 있다. 우리 민족은 옛날부터 하늘을 섬기는 제천 의식을 거행해 왔다. 농경에 종사한 후로는 풍년을 기원하는 제사 의식이 성행했다. 옛 기록에 있는 부여의 영고(迎鼓)[8], 고구려의 동맹(東盟)[9], 예(濊)의 무천(舞天)[10] 등 모두 하늘을 섬기는 의식인 동시에, 농사와 관련 있다. 조선시대에는 제천의식을 국가 경영과 관련 있는 제례로 갖췄는데,

이때부터 조상 숭배사상이 보편화됐다.

조선은 유교로 나라를 통치했다. 유교에서는 사회나 국가를 가정의 확대판으로 보아 가정이 잘 다스려지면 나라도 자동적으로 잘 다스려진다고 보았다. 그래서 가정에서 가장 중요한 효가 나라의 가장 중요한 통치 방법이 되었다. 나라의 가부장은 왕이다. 그래서 왕이 절대 권력을 갖는다. 그 권력의 가장 초월적인 권위가 바로 제사에서 나왔다. 왕이 드리는 제사는 종묘에서 하는 것이다. 이 제사에서는 어느 누구도 그 권위를 넘볼 수 없다. 이것이 집안 제사에도 그대로 적용됐다. 조선시대에는 제사를 주관하는 사람의 권위가 가장 강했다. 이렇게 조선시대에는 제사를 통해 나라와 가정을 통치하며 이끌어 갔다. 이런 사회적 환경 속에 살던 조선 말기에, 서양 선교사들이 조선인들에게 기독교를 전할 때, 제사는 "귀신에게 하는 것이요 하나님께 하는 것이 아니며"(고전 10:20), "여호와 외에 다른 신에게 제사를 드리는 자는 멸할지니라"(출 22:20)라는 말씀에 의지해 우상에게 절하는 제사를 드려서는 안 된다고 강조해 제사를 교리적으로 금했다.

이때 유교의 전통사상에 젖어 있던 양반들과 백성이 제사의 본질을 모르고 제사를 금하는 기독교를 조상도 섬기지 않는 상놈의 종교라고 핍박해 많은 믿음의 선배들이 순교했다. 오늘

---

8) 영고(迎鼓) : 상고시대 부여에서 하늘에 지낸 제천의식
9) 동맹(東盟) : 고구려 때 해마다 10월에 일종의 추수가사제로 베풀던 국가적 제천행사
10) 무천(舞天) : 삼한(삼한) 때 예의 제천의식으로, 해마다 10월에 하늘에 제사를 지내던 일

날에도 국민 대다수가 제사의 본질을 모른 채, 조상 때부터 내려오는 제사를 습관적으로 행하고 있다. 음력 정월 초하루와 음력 팔월 보름인 추석이 되면 마귀 사탄은 제사를 통해 성도들을 가정 불화의 불씨로 공격한다.

그러면 이방 신에게 제사하는 이스라엘 백성에게 하나님은 어떻게 행하셨는가? 하나님은 "내가 그로 자식과 권속에게 명하여 여호와의 도를 지켜 의와 공도(公道)를 행하게 하려고 그를 택하였나니"(창 18:19)라고 말씀하신 이스라엘 백성을 신명기 32장 15절에서는 '여수룬'이라는 별명으로 부르시면서, 그들에 대한 하나님의 사랑을 표현하셨다.

'여수룬'은 '하나님의 사랑을 받아 의로운 자가 된 이스라엘'을 의미한다. 이처럼 명예롭고 존귀한 명칭을 얻은 이스라엘 백성이 이름에 걸맞은 길을 걸어가지 않았다. 오히려 "그들은 하나님께 제사하지 아니하고 귀신들에게 제사하여"(신 32:17) 하나님의 진노를 격발했다(신 32:16). 그래서 하나님은 십계명의 첫째 계명으로, "너는 나 외에는 다른 신들을 네게 두지 말라"고 말씀하셨다.

귀신에게 제사하는 자들에게 무서운 저주를 가하시겠다는 말씀에도 불구하고, 하와를 '선악과를 먹어도 너는 죽지 아니하고 하나님처럼 될 거야'라는 거짓말로 속였던 사탄은 오늘날에도 귀신에게 제사하는 성도들에게 '제사는 한국의 풍습이니 제사하는 것은 조상을 섬기는 하나의 예의이지, 죄가 아니다'라고 속삭임으로 미혹한다. 그래서 사탄은 명절 때마다 타의로 제사를 지내야 하는 그리스도인들로 하여금 귀신에게 절하게 해 영적 죄를 범하도록 유도한다.

그리스도인들은 "그들이 다른 신으로 그의 질투를 일으키며 가증한 것으로 그의 진노를 격발하였도다"(신 32:16)라는 말씀을 명심해야 한다. 귀신에게 제사하는 행위는 하나님이 가장 싫어하시는 일이며, 하나님의 진노를 격발하게 하는 행위다.

사탄은 유전자(DNA)를 통해 성도를 공격한다

지구상에 살고 있는 모든 사람에게는 유전자가 있다. 백인은 백인의 유전자가 있어, 백인 부부에게서는 백인 아이가 출생한다. 흑인에게는 흑인 유전자가 있어 흑인 부부에게서는 흑인 아이가 출생한다. 그뿐만 아니라 모든 가문에는 가문에 내려오는 좋고 나쁜 유전자가 있다. 그래서 전쟁터에서 죽은 병사의 신원을 밝히기 위해 그 병사의 유전자를 추출해 죽은 병사의 신원을 밝혀 낸다.

성경을 자세히 읽다 보면 가정이나 사람마다 영적으로 하나님의 속성과 일치하지 않는 유전자를 갖고 있는 사람이나 가정들을 볼 수 있다. 창세기에는 믿음의 조상이라고 하는 아브라함이 등장한다. 하나님은 아브라함을 통해 인간을 죄에서 구원하시려는 큰 계획을 세우셨다.

"내가 그로 그 자식과 권속에게 명하여 여호와의 도를 지켜 의와 공도를 행하게 하려고 그를 택하였나니 이는 나 여호와가 아브라함에게 대하여 말한 일을 이루려 함이니라"(창 18:19).

하나님은 아브라함을 부르시고 그에게 "너의 고향과 친척과 아버지 집을 떠나라"(창 12:1)라고 명령하셨다.

기독교의 믿음은 우리가 살던 곳에서 떠나는 것에서 출발한다. 그 어떤 것이 남아 있어, 그것이 문제가 돼서는 안 된다는 뜻이다. 아브라함이 떠나는 것은 고향과 친척과 아버지 집을 버리는 것을 의미한다. 살던 곳에서 떠나지 않고서는 금보다 귀한 믿음을 가질 수 없기 때문이다.

하나님의 "가라"라는 명령 뒤에는 세 가지 약속이 있다. 즉 땅과 후손과 축복이다. 하나님은 우리에게 이런 축복을 주시기 위해 있는 곳으로부터 떠나라고 말씀하신다.

하나님은 음란 죄가 극에 달한 소돔과 고모라를 심판하기 위해 두 천사를 소돔에 보내셨다. 성문 앞에 앉아 있던 롯이 두 천사를 보고 자기 집으로 영접하고, 음식을 대접한 후 자기 집에서 하룻밤을 보내도록 했다.

이들이 취침하기 전에 소돔 성안에 있던 사람들이 롯의 집에 외간 남자들이 온 사실을 알고 그의 집 앞에 와서 손님을 밖으로 끌어내라고 아우성 쳤다. 그들과 동성애를 하기 위해서였다. "롯을 부르고 그에게 이르되 이 저녁에 네게 온 사람이 어디 있느냐 이끌어 내라 우리가 그들을 상관(相關)하리라"(창 19:5).

롯이 문밖으로 나가 뒤로 문을 닫고 "형제들이여, 이런 악을 행하지 말라 하고 나의 두 딸을 너희에게 줄 터이니 너희들 마음대로 행하고 나의 집에 온 이 사람들에게는 악을 행하지 말라"라고 말했다.

그러나 성 사람들이 롯의 말을 듣지 않고, "이놈들이 들어와서 우거하면서 우리의 법관이 되려고 한다 이제 우리가 그들보다 너를 더 해하리라" 하고 롯을 밀치고 문을 부수려 했다. 이 상황을 본 천사들이 손을 내밀어 롯을 문 안으로 끌어들이고, 문 밖 사람들의 눈을 어둡게 해 그들이 문을 찾지 못하도록 혼미하게 했다. 이렇게 죄악이 관영한 소돔 성을 멸하기 위해 하나님이 보낸 천사들이 "여호와께서 이 성을 멸하실 터이니 너희는 이곳을 따나라"(창 19:14)고 했다. 하나님이 아브라함에게 세 가지 축복을 주시기 위해 고향과 친척과 아버지 집을 떠나라고 하신 것처럼, 롯에게도 그의 생명을 위해 삶의 터전인 소돔을 떠나라고 하신 것이다.

하나님의 명령에 순종해 고향과 친척과 아버지 집을 떠난 아브라함에게 하나님이 나타나시어 약속하신 아들을 주시겠다고 말씀하시면서 너희 후손들이 이방에서 객이 되어 400년 동안 그들을 섬길 것이라고 알려 주셨다(창 15:13).

하나님이 아브라함에게 창세기 15장 13절에서 말씀하신 대로 이스라엘 민족이 애굽에서 노예생활을 한 지 꼭 430년이 되는 날 밤에 이스라엘 백성이 애굽을 떠나게 하셨다(출 12:41~42).

그렇다면 이스라엘 백성이 애굽을 떠난다는 것은 무엇을 의미할까? 그것은 이스라엘 백성이 영적으로나 육적으로 사탄의 세계인 애굽에서 하나님의 성령의 세계로 옮겨와 영적으로나 육적으로 자유인이 된다는 것을 의미한다.

이와 같이 아브라함은 하나님이 약속하신 세 가지 복인 땅과 아들과 축복을 받기 위해 고향을 떠났지만, 하나님이 목적지를 말씀하시지 않았기 때문에 무작정 남쪽으로 갈 수밖에 없었다. 아브라함은 오직 하나님의 약속을 믿고 자신의 안락한 생활과 비옥한 토지를 버리고, 전혀 알지 못하는 미지의 세계를 향해 떠났다.

아브라함은 유프라데스 해안을 따라 시리아에서 하란을 거쳐 가나안 땅에 도착했다. 그가 가나안 땅 세겜에 이르렀을 때, 하나님이 나타나시어 "내가 이 땅을 네 자손에게 주리라"(창 12:7)라고 말씀하셨다. 그러자 아브라함은 세겜에서 하나님께 예배드렸다. 그러나 아브라함은 세겜 땅에 정착하지 않고, 남쪽으로 내려가 벧엘 근처로 와서 하나님께 예배드렸다. 이같이 아브라함이 가는 곳마다 하나님께 예배를 드렸다는 것은 그가 하나님을 믿는 믿음이 대단했음을 의미한다. 그러면 하나님이 세겜을 아브라함 후손에게 주시겠다는 말씀을 믿지 않고, 아브라함이 세겜을 떠나 벧엘 남쪽으로 간 이유는 무엇일까?

성경에는 아브라함이 남쪽으로 간 이유를 설명하지 않고 있기 때문에 자세히 알 수는 없으나, 나는 하나님이 아브라함에게 어느 곳으로 가라는 말씀을 하시지 않았기 때문에 그가 가축에게 필요한 물이 많은 남쪽으로 계속 간 것으로 추측된다. 아브라함이 가나안 땅 세겜에 도착했을 때 하나님이 이미 아브라함에게 창세기 12장 7절에서 "내가 이 땅을 네 자손에게 주리라"는 말씀을 하셨기 때문에 아브라함은 가나안 땅에 정착해 살아야 했다.

그러나 아브라함이 하나님의 말씀을 믿지 않고 계속 남쪽으로 내려갔기 때문에 하나님은 아브라함의 마음을 살펴보시기 위해 아브라함이 가는 곳마다 흉년이 들게 하셨다. 흉년이 들어도 가나안 땅을 떠나 애굽으로는 가지 말아야 하는데도 애굽으로 갔기 때문에 그는 큰 시험을 만나게 된 것이다.

성도들이 신앙생활을 할 때도 말씀생활을 하지 않으면 즉시 시험거리가 생긴다. 그것은 하나님의 말씀에 순종하라는 신호이기도 하다. 아브라함이 애굽으로 내려가면서 아내 사라에게 "당신은 미인이기 때문에 애굽 사람들이 나를 죽이고 당신을 빼앗아 갈 터이니 당신은 나의 누이라고 하라"라고 했다.

애굽은 어떤 나라인가? 성경에서 애굽은 세상을 상징한다. 또한 하나님을 떠난 인간적인 삶을 사는 나라다. 그래서 이사야 31장 1절은 "도움을 구하러 애굽으로 내려가는 자들은 화 있을진저 그들은 말을 의지하며 병거의 많음과 마병의 심히 강함을 의지하고 이스라엘의 거룩하신 이를 앙모하지 아니하며 여호와를 구하지 않는다"라고 애굽을 설명한다.

아브라함은 이런 애굽 사람들에게 하나님을 믿는 믿음을 보여 주어야 할 사람인데도 불구하고, 사라로 하여금 애굽 사람들에게 자기 누이라고 거짓말하도록 시켰다. 이것은 하나님이 아브라함 자손에게 주시겠다고 하신 약속의 말씀을 듣고서도 믿지 않고, 가나안 땅을 떠난 것에 대한 시험이다.

또한 성도들이 하나님 말씀을 듣고서도 하나님을 믿지 않은 채 세상 사람들과 어울려 하나님을 의지하지 않고, 세상 사람들의 인간적인 처세술을 따라 살아가면 결국 실패하게 된다는 것을 보여 준다. 또한 하나님을 믿는 믿음의 삶이 아닌 인간적인 지혜와 노력으로 살려고 하면 반드시 아브라함과 같은 시험이 따라오는 것이 공식이다.

아브라함 부부가 애굽에 도착하자 애굽 시민들뿐만 아니라 왕궁 관리들까지 사라의 미모를 보고 요즘 말로 모두 뿅갔다. 바로의 대신들이 사라의 미모에 대해 바로 왕에게 말하자 바로 왕이 사라를 후궁으로 삼으려고 왕궁으로 데려갔다.

하나님은 바로 왕이 사라를 데려간 것에 대해 진노하시어 바로 왕궁에 큰 재앙을 내리시자, 바로는 사라가 아브라함의 누이가 아니라 그의 아내라는 것을 알게 돼 아브라함을 책망하고 많은 금은보화와 함께 사라를 돌려보냈다.

사실 사라는 아브라함의 이복동생이다(창 20:12). 따라서 사라가 아브라함의 누이라는 말은 거짓일 수도 있고, 진실일 수도 있다. 그러나 완전한 진실이 아니면 그것은 거짓이다. 그러므로 아브라함이 사라를 자기 누이라고 말한 것은 거짓말이다. 그러나 하나님은 거짓말을 한 아브라함을 버리지 않으시고, 곤경에서 그를 건지시어 다시 약속의 땅으로 이끄셨다. 그런데 아브라함의 거짓말은 한 번으로 끝나지 않고 계속됐다.

소돔과 고모라가 멸망한 후 아브라함은 남쪽으로 이주해

가데스와 술 사이에 있는 그랄에 우거하게 됐다. 거기서도 사라의 미모가 입소문이 나 그랄 왕 아비멜렉에게까지 들렸다. 아비멜렉 왕이 아브라함에게 사라가 누구냐고 묻자 아브라함은 생명이 위태로울까 봐 사라를 자기 누이라고 또 거짓말을 했다(창 20:2). 그랄 왕은 아브라함의 말을 믿고 사라가 아브라함의 누이인 줄 알고 사라를 자기 아내로 취했다. 그러나 하나님이 밤에 그랄 왕의 꿈에 나타나 "네가 취한 이 여인으로 인하여 네가 죽으리라 이 여인은 남의 아내라"(창 20:3)라고 말씀하셨고, 계속해서 "이제 그 사람의 아내를 돌려보내라 그는 선지자라 그가 너를 위하여 기도하리니 네가 살려니와 네가 돌려보내지 않으면 너와 네게 속한 자가 다 죽을 줄 알지니라"(창 20:7)라고 하셨다. 하나님이 이번에도 개입하셔서 아비멜렉에게 경고하심으로써 아브라함과 사라를 위기에서 구해 주셨다.

아브라함은 이렇게 두 번이나 자기 부인 사라를 누이라고 거짓말을 한 것이 가문에 대대로 이어져 내려오는 '거짓말의 유전자'가 됐다. 아브라함이 그랄 왕에게 사라를 자기 누이라고 거짓말했던 그랄이라는 곳에서 아브라함의 아들 이삭도 살게 됐다. 아마 이삭의 부인도 사라 못지않게 미인이었던 것 같다. 그랄 사람들이 이삭의 아내를 보고 누구냐고 물을 때에 이삭이 정직하게 자기 아내라고 말하지 않고, 아버지 아브라함처럼 생명의 위태로움을 느껴 자기 누이라고 거짓말을 했다. 아브라함이 하나님의 명령에 순종해 모리아 산에서 이삭을 번제물로 바치려고 할 때 반항하지 않고 번제물이 됐던 이삭의 순수하고 단호한 순종의 믿음을 어디에서도 찾아볼 수 없다. 아버지 아브라함의 거짓말의 유전자가 이삭에게 흐르고 있다는 증거다.

이후 이삭은 에서와 야곱이라는 쌍둥이 아들을 낳았다. 이삭은 그 당시 고대 근동의 관습대로 형 에서에게 장자권을 물려주려고 했다. 어느 날 이삭은 에서에게 "활을 가지고 들에 가서 사냥을 해 별미를 가지고 오너라. 내가 먹고 죽기 전에 너에게 마음껏 축복하리라"라고 말했다. 이를 아내 리브가가 엿들었다. 리브가는 자기가 사랑하는 아들 야곱에게 "염소 새끼를 잡아오면 내가 너의 아버지가 좋아하는 별미를 만들어 줄 터이니 너는 그 별미를 가지고 아버지에게 드리고 장자의 축복을 받으라"고 시켰다. 야곱이 "형은 털의 사람이요. 나는 매끈매끈한 몸이라. 축복은 고사하고 저주를 받지나 않을까 두렵다"라고 했다. 그러나 어머니의 강권으로 야곱은 염소 새끼를 잡아왔다. 리브가는 염소 새끼로 이삭이 좋아하는 별미를 만들었다. 또 야곱은 염소 새끼 가죽으로 팔과 목을 꾸며 아버지 이삭에게 별미를 가지고 들어갔다.

'속이는 자' 혹은 '빼앗는 자'라는 이름의 뜻처럼 야곱은 아버지 이삭을 속이고, 형의 축복을 빼앗았다. 어머니가 만들어 준 별미를 가지고 아버지에게 가서 "아버지"라고 부를 때, 아버지가 "내 아들아, 네가 누구냐?"라고 물었다. 이에 야곱이 아버지에게 대답하되 "나는 아버지의 맏아들 에서로소이다 아버지께서 내게 명하신 대로 내가 하였사오니 원컨대 일어나 앉아서 내가 사냥한 고기를 잡수시고 아버지 마음껏 내게 축복하소서"

라고 말했다. 이삭이 "내 아들아 네가 어떻게 이같이 속히 잡았느냐"라고 묻자 야곱은 "아버지의 하나님 여호와께서 나로 순조롭게 만나게 하셨음이니이다"라고 대답했다(창 27:19~20). 여기서 야곱은 세 번에 걸쳐 아버지 이삭에게 거짓말을 했다.

첫째, 자신을 에서라고 말했다. 둘째, 자기가 고기를 사냥했다고 말했다. 셋째, 하나님이 사냥감을 예비해 놓으셨다고 말했다. 야곱의 이 세 가지 거짓말이 우리에게 주는 교훈이 있다. 첫째, 하나의 거짓말은 그것을 은폐하기 위한 또 다른 거짓말을 낳는다는 것이다. 둘째, 처음의 단순한 거짓말이 나중에는 확대된 거짓말이 된다는 것이다. 셋째, 하나님의 이름까지 들먹이면서 한 거짓말은 결국 하나님의 이름까지 욕되게 한다는 것이다.

우리는 어떤 경우에도 "하나님은 거짓말을 하시지 않는다는 사실"(히 6:18)을 기억해야 한다. 단지 긴박한 상황에 처했을 때 조급함을 느낀 인간이 거짓말이라는 수단을 하나님의 뜻인 양 정당화시킬 뿐이다. 성도는 성도로서 최선을 다한 후 하나님이 일하실 수 있도록 하나님께 맡겨야 한다. 이것이 성도가 취할 믿음의 자세다. 이와 같이 아브라함이 사라를 자기 누이라고 거짓말한 유전인자는 이삭으로 하여금 자기 아내 리브가를 누이라고 거짓말하게 한 죄를 범하게 했다. 그뿐만 아니라 아브라함의 손자 야곱도 형 에서의 장자의 축복을 빼앗기 위해 아버지 이삭에게 세 가지 거짓말을 했다.

에덴 동산에서 아담과 하와가 범죄한 죄의 유전자가 우리에게 내려오듯이 조상이 범죄한 죄의 유전자는 그 가문에 내려온다는 것을 우리는 알아야 한다. 우리가 신앙생활을 잘하고 있는데 조상이 범죄한 나쁜 유전자가 있으면 사탄은 이 유전자를 통해 성도를 계속 공격하기 때문에 영적인 문제가 풀리지 않는다.

어떤 집안에는 우상을 섬기는 유전자가 있다.

어떤 집안에는 물질을 탐하는 유전자가 있다.

어떤 집안에는 형제간에 이간질하는 유전자가 있다.

어떤 집안에는 음란의 유전자가 있다.

어떤 집안에는 술 취함을 좋아하는 유전자가 있다.

마귀 사탄은 이 유전자를 이용해 성도의 믿음이 성장하지 못하도록 할 뿐만 아니라, 하나님의 축복을 받지 못하도록 방해한다. 이런 성도들은 먼저 마귀 사탄과 피나는 싸움을 통해 악성 종양과도 같은 이 유전자를 반드시 끊어야 후손들이 하나님의 축복을 받을 수 있다.

많은 그리스도인들뿐만 아니라 주의 종들까지도 이런 사실을 모르고 하나님이 주시는 복을 받지 못한다. 아버지가 목사인 아들 목사는 아버지의 기도 때문에 기도를 많이 안 해도 목회가 잘 된다. 그러나 이를 모르는 다른 목사들은 '기도하지 않는 목사의 목회는 잘되고 나는 왜 목회가 잘되지 않는가?' 하며 실망한다. 이것은 영적인 문제로 풀어야 한다.

떠나는 마귀,
돕는 천사

part **Ⅲ**

------ ❖ ------❖ ------ ❖ ------

사탄을
물리치는 방법

"내가 너희에게 뱀과 전갈을 밟으며
원수의 모든 능력을 제어할 권능을 주었으니
너희를 해칠 자가 결코 없으리라"

(눅 10:19).

1. 말씀으로 사탄을 물리친다

"구원의 투구와 성령의 검 곧 하나님의 말씀을 가지라"(엡 6:17).

말씀으로 사탄을 물리친다

하나님의 아들 예수가 육신의 몸을 입고 인간으로 태어난 것(The Incarnation)은 믿음으로만 이해되고 받아들일 수 있는 사건이다. 예수님이 육신의 몸을 입고 공생애를 시작하시면서 제일 먼저 하신 일은 세례를 받으신 것이다.

예수님이 세례를 받으신 의미는 첫째, 모든 사람을 위한 하나님의 의를 이루기 위함이었다. 둘째, 예수님이 세례를 받으셨을 때 세례 요한은 메시아가 오셨고, 메시아의 사역이 시작됐다고 선언했다(요 1:31~34). 셋째, 예수님은 회개하거나 죄로부터 정결해지실 필요가 전혀 없었지만, 세례를 받으심으로써 죄로 인해 타락한 인간과 자신을 완전히 일치시키고 인간을 대신하는 일을 시작하셨다(고후 5:21). 넷째, 예수님이 세례를 받으신 것은 그분을 구세주로 믿는 자들에게 보이신 세례의 모델이다.

예수님이 세례를 통해 그분을 구세주로 믿는 모든 사람에게 보이셨다는 것은 무슨 뜻인가?

세례는 헬라어로 '밥티스마'(βάπτισμα)인데, '잠그다'라는 의미다. 그것은 물속에 들어가는 의식으로, 그리스도를 구주로 고백하는 사람들이 그리스도와 함께 죄에 대해 죽고 예수 그리스도의 새 생명으로 다시 태어나서(롬 6:3~5) 그리스도와 연합하는(갈 3:26~27) 것을 상징하는 의식이다. 다시 말해 세례는 물속에 들어가는 것을 통해 옛사람이 죽고, 죄를 씻고 물에서 나옴으로써 예수님과 함께 연합하고 부활함을 상징하는 하는 예식이다.

세례를 받으신 예수님은 성령에 이끌리어 광야에서 40일 동안 금식기도를 하시면서 사탄에게 세 가지 시험을 받으셨다. 한 사람이 예수를 구세주로 믿고 세례를 받으면 그는 성령을 선물로 받은 성령의 사람이 된다(마 3:16;행 2:38). 이 말씀은 예수 믿기 전에는 마귀 사탄의 사람이어서 사탄이 건드리지 않았지만, 예수님을 믿어 그리스도인이 된 후에는 예수님에게 그랬던 것처럼 세 가지 시험을 준다는 의미다. 또 성령의 역사가 있는 곳에는 마귀 사탄의 역사도 함께 있다는 것을 암시한다.

그렇다면 예수님이 시험을 받기 위해 광야로 가셨다는 말씀에서 '광야'는 무엇을 의미하는가?

이 광야는 인간에게 필요한 필수품의 결핍으로 인해 삶에 고통과 고난을 겪는 운동장으로, 사탄이 활개 치는 곳이다.

출애굽한 이스라엘 백성이 광야에서 40년간 신앙훈련을 받은 것같이, 예수님은 복음을 전파하시기 전 영적 훈련장인 광야에서 40일 금식기도를 하시면서 정신적으로는 마귀와 싸우는 훈련을 받으시고, 육체적으로는 금식으로 훈련받으셨다.

그러면 40이라는 숫자는 무엇을 의미하는가?

모세는 시내 산에서 하나님께로부터 십계명의 돌판을 받기 위해 40일 동안 금식했다(출 34:28). 엘리야는 이세벨을 피해 도망 갈 때 40주야를 금식하며, 걸어서 호렙 산에 이르러(왕상 19:8) 하나님의 음성을 들었다.

하나님께로부터 어떤 사명을 받을 때면 사역을 감당하기 위한 능력을 받기 위해 육을 죽이고, 영을 새롭게 소생시키는 40일 금식기도를 한다. 음식은 육신을 살찌게 하는데, 육신이 살찌면 영이 약해진다. 그러므로 금식기도는 육을 죽이고 영을 새롭게 소생하는 것으로, 하나님을 향해 진실한 회개가 열리고 하나님의 능력을 받아 주신 사역을 감당할 수 있는 방법이다.

요나가 하나님의 명령을 거역하고 니느웨로 가지 않고, 다시스로 가다가 하나님께 붙들려 니느웨로 가서 하루 동안 다니며 40일이 지나면 니느웨가 무너진다고 외쳤다. 이때 "니느웨 사람들이 하나님을 믿고 금식을 선포하고 높고 낮은 자를 막론하고 굵은 베옷을 입은지라 그 일이 니느웨 왕에게 들리매 왕이 보좌에서 일어나 왕복을 벗고 굵은 베옷을 입고 재 위에 앉아서"(요 3:5~6)라는 말씀처럼 온 국민이 금식기도하며 회개했다. 하나님은 이렇게 금식으로 회개하는 기도를 들으시고 뜻을 돌이키셔서, 그들에게 내리리라고 말씀하신 재앙을 내리지 않으셨다.

또 이스라엘에 아합이라는 악한 왕이 있었다. 왕궁 가까이 있는 나봇의 포도원을 탐해 거짓 증인 둘을 세워 나봇이 하나님을 모독했다는 거짓 증언을 하게 하여 나봇을 죽이고 그의 포도원을 빼앗았다.

이것을 보신 하나님은 엘리야 선지자에게 너는 아합에게 가서 "여호와의 말씀이 네가 죽이고 또 빼앗았느냐고 하셨다 하고 또 그에게 이르기를 여호와의 말씀이 개들이 나봇의 피를 핥은 곳에서 개들이 네 피 곧 네 몸의 피도 핥으리라 하였다 하라"(왕상 21:19)라고 말씀하셨다.

하나님의 말씀을 들은 아합 왕은 옷을 찢고 굵은 베로 몸을 동이고 금식하고 굵은 베에 누우며 풀이 죽어 다녔다(왕상 21:27). 이 모습을 모신 하나님은 엘리야에게 다시 "아합이 내 앞에서 겸비함을 네가 보느냐 그가 내 앞에서 겸비함으로 내가 재앙을 저의 시대에는 내리지 아니하고 그 아들의 시대에야 그의 집에 재앙을 내리라"(왕상 21:29)라고 말씀하셨다.

이같이 하나님이 기뻐하시는 금식기도는 "흉악의 결박을 풀어 주며 멍에의 줄을 끌러 주며 압제당하는 자를 자유하게 하며 모든 멍에를 꺾는 것"(사 58:6)이다. 그러므로 성도들이 하나님께 참된 회개기도를 하려면 먼저 금식기도를 해야 한다. 참된 금식기도는 하나님이 내리시기로 작정하신 재앙을 돌이키는 능력의 기도다.

신약시대에는 사역을 맡는 사람들이 금식기도를 한 후 사역을 감당했다. "주를 섬겨 금식할 때에 성령이 이르시되 내가 불러 시키는 일을 위하여 바나바와 사울을 따로 세우라 하시니 이에 금식하며 기도하고 두 사람에게 안수하여 보내니라"(행 13:2~3).

바나바와 사울의 전도 여행이 '성령에 의해' 시작되었음을 보여 주는 말씀이다. 선교는 어떤 개인이나 단체가 독자적으로 하는 것이 아니고, 성령께서 그들로 하여금 일하도록 역사하시는 하나님의 일이다. 그런 의미에서 선교의 주체는 성령님이시고 인간은 그분의 도구에 불과하다. 성령의 직접적이고 두드러진 역사(役事)가 선교의 동인(動因)으로 배후에서 작용하고 있음을 우리는 성경 전체를 통해 볼 수 있다.

완전한 하나님이시며 완전한 인간으로서의 의를 세우시기 위해 세례를 받으신 예수님은 마귀의 시험을 이기셔야만 진정한 메시아로서 하늘나라를 전파하는 공생애를 시작할 수가 있었다. 예수님이 마귀로부터 받은 첫 번째 시험은 "네가 만일 하나님의 아들이어든 명하여 이 돌들이 떡덩이가 되게 하라"(마 4:3)다.

돌로 떡을 만들라는 시험은 무슨 의미일까? 이스라엘 백성이 출애굽해 광야생활을 할 때 먹을 것이 없다고 아우성치자, 하나님은 백성에게 하늘에서 비가 내리듯이 만나를 내려 주셨다. 이것은 하나님의 백성은 육신을 위해 땅에서 나는 떡을 먹어야 사는 것이 아니라, 하늘에서 내려오는 생명의 말씀을 먹어야 산다는 것을 암시한다. 그래서 예수님은 당신을 가리켜 "내가 곧 생명의 떡이다"(요 6:48)라고 말씀하시며, 또 "나는 하늘에서 내려온 산 떡이니 사람이 이 떡을 먹으면 영생하리라 나의 줄 떡은 곧 세상의 생명을 위한 내 살이다"(요 6:51)라고 말씀하셨다. 예수님은 신명기 8장 3절의 말씀을 인용하셔서 "사람이 떡으로만 살 것이 아니요 하나님의 입으로부터 나오는 모든 말씀으로 살 것이니라"(마 4:4)라며 첫 번째 시험을 이기셨다.

돌로 떡을 만들라는 시험은 사탄이 예수를 믿기 시작하는 사람에게 제일 먼저 물질로 시험한다는 것을 의미한다. 많은 사람들이 예수를 믿으면 모든 일이 잘 풀리고, 돈도 잘 벌고 매사가 잘될 줄 안다. 그런데 어려워지면 그것이 사탄이 주는 시험인 줄 몰라 예수 믿어서 안 되는 거라고 생각해 믿음을 포기하곤 한다.

그래서 이스라엘 백성이 출애굽해 광야에 이르렀을 때 사탄이 먹는 것으로 시험하더라도 넘어가지 말고 이겨야 한다는 의미로 하나님은 "너를 낮추시며 너로 주리게 하시며 또 너도 알지 못하며 네 열조도 알지 못하던 만나를 네게 먹이신 것은 사람이 떡으로만 사는 것이 아니요 여호와의 입에서 나오는 모든 말씀으로 사는 줄을 너로 알게 하려 하심이라"(신 8:3)라고 말씀하셨다.

두 번째 시험은 예수님을 성전 꼭대기에 세우고 "네가 만일 하나님의 아들이어든 뛰어내리라"(마 4:6)라는 시험이다.

오늘날에는 고층에서 뛰어내려도 다치지 않도록 몸에 파라슈트(낙하산, parachute)를 달아 뛰어내려도 다치지 않을 수 있지만, 옛날에는 고층에서 뛰어내리면 무조건 죽었다. 사탄은 예수님이 하나님의 아들이기 때문에 성전 꼭대기에서 뛰어내려 몸이 상하지 않게 될 것을 알고 예수님으로 하여금 정신적 허영심인 명예심을 자랑하도록 해 시험에 빠뜨리려고 했다.

그러나 예수님은 이 두 번째 시험도 "너희가 맛사에서 시험한 것같이 너희 하나님 여호와를 시험하지 말라"(신 6:16)라는 말씀으로 이기셨다. 이 시험은 성도들이 신앙생활을 하는 동안 사탄이 혼적(魂的)인 명예욕으로 성도들을 시험한다는 의미다.

세 번째 시험은 "내게 엎드려 경배하면 이 모든 것을 네게 주리라"는 시험이다. 이 세상에는 하나님 한 분밖에는 경배할 대상이 없는데도 사탄은 예수님께 "내게 엎드려 경배하라"라고 시험한다. 이 시험은 영적 세계인 믿음을 시험하는 것이다. 그리스도가 사탄에게 절한다는 것은 사탄의 통치권을 승인하는 것이기 때문에, 여기서도 예수님은 "네 하나님 여호와를 경외하며 섬기며 그 이름으로 맹세할 것이니라"(신 6:13)라는 말씀으로 시험을 이기셨다.

성도들이 마귀 사탄과의 영적 전쟁에 대항해 싸울 무기는 육적인 무기가 아니다. 하나님이 성도들에게 영적 무기로 주신 것이 있다. 진리의 허리띠, 의의 흉패, 복음의 신, 믿음의 방패와 구원의 투구다. 이것들은 마귀 사탄이 쏘는 불화살을 막는 방어 무기다. 공격용 무기 곧 성령의 검(엡 6:17)인 하나님의 능력의 말씀과 예수의 피 또는 십자가(고전 1:18)와 예수 이름(요 16:26) 등으로 마귀 사탄을 대적하면(약 4:7) 성령께서 그 말씀(히 4:12)들을 통해 역사하시어 마귀를 물리쳐 주신다.

그런데 이 예수의 피, 십자가, 예수 이름과 말씀의 검은 오직 매일 한 시간 이상의 기도를 하는 사람만이 사용할 수 있는 무기다.

성도는 사탄을 물리치는 능력의 말씀을 암송해야 한다

여기서 성도들이 꼭 알아야 할 점이 하나 있다. 예수님이 사탄의 세 가지 시험을 말씀으로 물리치셨다는 점이다. 이것은 성도들도 사탄의 시험을 말씀으로 물리쳐야 한다는 것을 의미한다.

많은 성도들이 성경 말씀을 외우지 않는 경향이 있는데, 신앙생활 할때 성경 암송은 반드시 필요할 뿐만 아니라, 사탄을 물리칠 때도 말씀을 인용한 명령적 기도를 해야 한다.

'말씀'이 무엇인가? 하나님이 우주 만물을 창조하신 능력의 말씀이다. 이 말씀은 우리 인간이 사용하는 일반적인 언어가 아니다. '창조의 능력이 있는 하나님의 말씀'이다. 하나님은 이 창조의 능력 있는 말씀을 인간에게 언약의 말씀으로 주셨다.

하나님은 무엇을 인간에게 언약하셨는가? 하나님의 언약은 크게 세 가지로 볼 수 있다.

첫째, 아브라함과의 언약이다. 하나님은 아브라함에게 지시할 땅으로 가라고 하시면서(창 12:1) "내가 너로 큰 민족을 이루고 네게 복을 주어 네 이름을 창대케 하리니 너는 복의 근원이 될지라 너를 축복하는 자에게는 내가 복을 내리고 너를 저주하는 자에게는 내가 저주하리니 땅의 모든 족속이 너를 인하여 복을 얻을 것이니라"(창 12:2~3)라고 약속하셨다. 하나님이 아브라함에게 하신 언약의 특징은 다음과 같다.

① 하나님의 은혜가 전제된 아브라함을 택하셨다.

② 죽은 것 같은 사람의 몸을 통해 하나님의 절대적인
    권능으로 약속하신 상속자 이삭을 주셨다(롬 4:19).

③ 하나님의 택하심을 받은 자는 그 부름에 합당한
    생활을 해야 할 것을 가르쳐 주셨다(창 18:19).

④ 아브라함 언약은 아브라함만을 위한 것이 아니라,
    아브라함 자신과 후손뿐 아니라 땅의 모든 족속을
    위한 것이다(창 12:3).

둘째, 모세와의 언약이다. 하나님은 이스라엘 백성이 시내 산에 도착한 후 모세에게 "너희가 내 말을 잘 듣고 내 언약을 지키면 너희는 열국 중에서 내 소유가 되겠고 너희가 내게 대하여 제사장 나라가 되며 거룩한 백성이 되리라"(출 19:5~6)라고 하셨다. 이때 백성은 "여호와께서 명하신 대로 우리가 행하리이다"(출 19:8)라고 대답했다.

비조건적인 아브라함의 언약과는 달리 모세와의 언약은 조건적이다. 즉 이스라엘 백성이 율법을 지키면 하나님이 이스라엘을 지키시고 축복하시지만, 하나님의 율법에 순종하지 않으면 이스라엘을 징계하시겠다는 것이다.

그러므로 하나님과 이스라엘 백성과의 관계는 이스라엘 백성의 순종 여부에 달려 있다. 모세 언약의 특징은 다음과 같다.

① 하나님의 뜻을 요약해 글로 표현한 율법으로
　계시해 주셨다.

② 모세와의 언약은 율법 언약이다. 이 언약은 이스라엘
　백성을 거룩한 백성이 되게 하시려고 주신 언약이다.
　이렇게 하나님은 이스라엘 백성에게 '언약의 말씀'을 주셨다.

셋째, 예레미야서에 등장하는 '새 언약'이다.

예레미야 시대에는 우상 숭배와 그 죄의 결과로 인해
이미 북 왕국 이스라엘은 앗수르에게 멸망했고,
남 유다도 바벨론으로부터 심한 핍박을 당하고 있을 때다.

예레미야는 남 유다도 곧 멸망할 것이라고 예언하면서 "날이 이르리니 내가 이스라엘 집과 유다 집에 새 언약을 세우리라"(렘 31:31)라는 새 언약을 선포했다.

새 언약의 내용은 하나님의 말씀이 이스라엘 백성의 마음속에 새겨져서 하나님을 알고 하나님과 개인적인 교제를 나누게 되며(렘 31:33), 백성의 죄가 용서받고 기억도 되지 않을 것이라는 언약이다(렘 31:34). 이 새 언약은 AD 30년경 예수님에 의해 이뤄졌다. 예수님은 십자가에 달리시기 전 제자들과 마지막 식사를 하실 때에 "이 잔은 내 피로 세우는 새 언약이니 곧 너희를 위하여 붓는 것이라"(눅 22:20)라고 말씀하셨다.

새 언약은 예수님을 통해 새롭게 시작된 것으로, 하나님이

그의 백성과 맺으신 언약이다. 새 언약의 성취자이신 예수님을 믿는 자마다 죄 사함을 받고(행 10:43), 죄악이 기억되지 않으며(사 43:25), 구원을 주는 언약이다(요 5:24).

예수님이 오시기 전 히브리인들에게는 구약만 있었는데, 이 구약을 히브리어로 '베리트'라고 하며, 구약과 구별해 신약을 헬라어로 '디아데케'라고 한다. 둘 다 '계약'이라는 의미를 갖는다. 이 '계약'이라는 말은 하나님이 윤리적인 요구를 가지고 하늘나라 백성 앞에 서 있으며, 백성은 그 요구에 복종한다는 서약을 한 사실에 기초해 붙여졌다. 즉 하나님과 인간 사이의 계약 관계를 표시하는 것이다. 주종관계가 잘 이루어 질 때, 하나님의 능력의 말씀이 순종하는 백성인 종에게 능력으로 나타나게 된다.

그래서 예수님이 사탄에게 시험을 받으시면서 구약에 있는 능력의 말씀으로 사탄을 물리치신 것은 이 '언약의 말씀'을 믿고 순종하는 모든 사람에게도 '언약의 말씀'이 하나님의 능력으로 나타난다는 것을 의미한다.

참된 성도는 하늘나라를 소망하며 마귀 사탄과의 싸움에서 물러서지 않고 마귀 사탄의 공격을 적극적으로 대항하며, 예수님처럼 성령의 검인 하나님의 말씀으로(엡 6:17) 마귀 사탄을 물리친다. 이것은 성령께서 하나님의 말씀을 통하여 역사하신다는 것을 암시한다.

미국의 존 파이퍼(John Piper) 목사는 "성경을 암송해야 하는 이

유"를 다음과 같이 말한다.

"청년이 무엇으로 그의 행실을 깨끗게 하리이까 주의 말씀만 지킬 따름이니이다 … 내가 주께 범죄하지 아니하려 하여 주의 말씀을 내 마음에 두었나이다"(시 119:9~11). 바울은 우리가 '영으로써 몸의 (악한) 행실을 죽여야' 한다고 말합니다(롬 8:13). 그 죽이는 무기는 '성령의 검' 곧 하나님의 말씀입니다(엡 6:17). 죄는 몸을 악한 행실로 유혹하기 때문에 우리는 그리스도를 드러내는 성경의 말씀을 기억하고 죄가 주는 것에 비해 더 나은 그리스도의 가치와 아름다움을 갖고 유혹을 물리쳐야 합니다. 예수님은 광야에서 사탄에게 시험을 받으실 때 암송하고 있는 말씀을 사용해서 사탄을 물리치셨습니다(마 4:1~11).

그러므로 사탄을 물리칠 때 하나님의 능력의 말씀인 성경 구절을 꼭 암송하고 말씀으로 물리쳐야 한다. "내가 너희에게 뱀과 전갈을 밟으며 원수의 모든 능력을 제어할 권능을 주었으니 너희를 해칠 자가 결코 없으리라"(눅 10:19)라는 말씀을 붙들고 마귀 사탄을 물리치는 기도를 해야 한다.

그러면 왜 예수님은 공생애를 시작하시기 전에 세 번에 걸쳐 사탄의 시험을 받으셨을까? 성도들이 예수를 믿기 시작하면 신앙생활을 하는 평생 동안 세 가지 시험이 온다는 의미다. 첫 번째는 물질의 시험이다. 두 번째는 정신적인 허영심을 통한 시험이다. 세 번째는 영적인 신앙 세계에 대한 시험이다.

그러므로 그리스도인들은 하늘나라에 갈 때까지 살얼음판

을 걷는 마음으로 조심조심 신앙생활을 해야 한다. 언제 어디서 사탄이 우리를 시험할지 모르기 때문이다.

40여 년 전 12월 추운 겨울에 삼각산에서 난생 처음으로 아내와 함께 밤 자정부터 새벽 4시까지 작정 밤 기도를 한 일이 있다. 큰 바위 밑이 우묵하게 들어간 곳이 있어 각목으로 기둥을 세우고 문을 만들어 달고 안에서 철사로 걸어 잠그고 밖은 비닐로 가려 임시로 추위를 막도록 한 기도 처소였다.

산에서 밤 기도를 시작한 지 며칠 되지 않았다. 그날따라 온 세상에 눈이 하얗게 내려 나무는 보이지 않고, 하얀 눈만 보였다. 우리 부부는 눈을 쓸고 각자 기도의 자리에 앉아서 기도를 한 뒤 임시로 만들어 놓은 움막에서 잠시 눈을 붙이려는데 누군가 밖에서 움막 문을 잡아당기면서 "오지 말라고 했는데도 이놈들이 또 왔구먼"이라고 말하는 게 들렸다. 우리 부부는 분명 마귀 사탄이라고 생각하고 속으로 하나님의 말씀을 암송해 마귀 사탄을 물리쳤다.

사탄은 저벅저벅 발걸음 소리를 내며 눈 위를 걸어갔다. 우리 부부는 아침이 돼 사람이 왔었나 하고 주위를 둘러봤지만, 사람 발자국은 없었다. 사탄이 와서 사람의 말을 하고 사람의 발걸음 소리로 우리 부부를 공격한 것이다.

2. 믿음으로 사탄을 물리친다

"무릇 하나님께로부터 난 자마다 세상을 이기느니라 세상을 이기는
승리는 이것이니 우리의 믿음이니라"(요일 5:4).

그리 아니하실지라도의 믿음

이스라엘 백성이 바벨론 포로로 잡혀가 있는 동안 바벨론
의 느부갓네살 왕이 두라 평지에 높이가 육십 규빗이고 너비가
여섯 규빗인 금 신상을 세우고, 낙성식에 참석한 모든 사람에
게 모든 악기가 연주될 때 금 신상에 절하도록 명령을 하고 만
일 누구든지 금 신상에 엎드려 절하지 않는 사람은 맹렬히 타
는 풀무 불 가운데에 던져 넣을 것이라고 말했다. 이 금 신상
제막식에 이스라엘에서 포로로 잡혀 온 유대인 사드락, 메삭,
아벳느고도 참석했으나, 금 신상에 절하지 않자 느부갓네살 왕
이 노하여 사드락, 메삭, 아벳느고를 끌어오도록 하여 이들을

왕 앞에 세웠다.

느부갓네살 왕이 이들에게 "이제라도 나팔을 불 때 금 신상에 절하면 좋겠지만 너희가 만일 절하지 아니하면 즉시 너희를 맹렬히 타는 풀무 불에 던져 넣을 터이니 능히 너희를 내 손에서 건져 낼 신이 누구이겠느냐?"라고 협박했다.

이에 사드락, 메삭, 아벳느고는 절하지 않으면 맹렬히 타는 풀무 불에 던진다는 왕의 말에 조금도 두려워하지 않고, 왕에게 "느부갓네살이여 우리가 이 일에 대하여 왕에게 대답할 필요가 없나이다 왕이여 우리가 섬기는 하나님이 계시다면 우리를 맹렬히 타는 풀무 불 가운데서 능히 건져 내시겠고 왕의 손에서도 건져 내시리이다 그렇게 하지 아니하실지라도 왕이여 우리가 왕의 신들을 섬기지도 아니하고 왕이 세우신 금 신상에 절하지도 아니할 줄을 아옵소서"(단 3:16~18)라고 담대히 대답했다.

사드락, 메삭, 아벳느고는 어떻게 맹렬히 타는 뜨거운 풀무 불의 두려움을 이겨 낼 수 있었을까?

성경은 "무릇 하나님으로부터 난 자마다 세상을 이기느니라 세상을 이기는 승리는 이것이니 우리의 믿음이라"(요일 5:4)라고 말씀하시면서, 또 "그러나 이 모든 일에 우리를 사랑하시는 이로 말미암아 우리가 넉넉히 이기느니라"(롬 8:37)라고 말씀한다. 성도가 세상에서 고난과 고통과 같은 일들을 이길 수 있는 힘은 하나님이 우리에게 값없이 주신 금보다 귀한 믿음이다.

그러면 사드락, 메삭, 아벳느고의 믿음은 어떤 믿음인가?

사드락, 메삭, 아벳느고는 느부갓네살의 금 신상에 절하지 않으면, 맹렬히 타는 풀무 불에 던져 넣겠다는 위협에 "왕에게 대답하여 이르되 느부갓네살이여 우리가 이 일에 대하여 왕에게 대답할 필요가 없나이다 왕이여 우리가 섬기는 하나님이 계시다면 우리를 맹렬히 타는 풀무 불 가운데에서 능히 건지시겠고 왕의 손에서도 건져 내시리이다 그렇게 하지 아니하실지라도 왕이여 우리가 왕의 신들을 섬기지도 아니하고 왕이 세우신 금 신상에 절하지 아니할 줄을 아옵소서"(단 3:16~18)라고 대답했다.

여기서 '그렇게 하지 아니하실지라도'는 무슨 의미일까? 살아 계신 하나님이 풀무 불 가운데서 건져 내시겠지만, 설령 하나님이 건져 내지 아니하실지라도 우리가 금 신상에 절해 생명을 부지하는 것보다, 죽으면 죽었지 절대로 금 신상에 절하지 않겠다는 의미다. 사드락, 메삭, 아벳느고는 '오직 하나님', '오직 예수', '오직 믿음'의 사람들이다.

불 가마솥으로 공격하는 악한 마귀 사탄을 사드락, 메삭, 아벳느고가 물리칠 수 있었던 무기는 오직 '믿음'이었다(요일 5:4). 하나님은 에베소서 6장 16절에서 "이 모든 것 위에 믿음의 방패를 가지라"라고 말씀하신다. 이렇게 '오직 믿음'을 가지고 있는 사람은 어떤 환난과 시험이 닥쳐와도 절대로 실패하지 않고, '오직 믿음'으로 승리한다.

하나님은 이런 믿음의 사람을 찾으시고 그에게 하늘의 일을 맡기신다. 성경 역사에서와 지금까지의 세상 역사에서 하나님이 들어 쓰신 사람은 모두 믿음의 사람들이다.

성경에 등장하는 믿음의 사람들은 "믿음이 없이는 하나님을 기쁘시게 못하나니 하나님께 나아가는 자는 반드시 그가 계신 것과 또한 그가 자기를 찾는 자들에게 상 주시는 이심을 믿는"(히 11:6) 금보다 귀한 믿음을 가진 사람들이었다.

이런 금보다 귀한 믿음을 가지고 있는 사람들에게 성경은 "누가 우리를 그리스도의 사랑에서 끊으리요 환난이나 곤고나 핍박이나 기근이나 적신이나 칼이랴 그러나 이 모든 일에 우리를 사랑하시는 이로 말미암아 우리가 넉넉히 이기느니라"(롬 8:35, 37)라고 말씀하신다.

다른 종교를 믿는 사람들에게 환난과 곤고와 핍박과 기근과 적신이나 위험이 닥칠 때, 그들이 믿는 신들은 그들을 지켜주지 못한다. 그래서 그들은 환난과 곤고와 핍박과 기근과 적신과 위험이 다가오면 두려워하고 절망한다.

그러나 만군의 여호와 전능하신 하나님은 하늘나라 백성이 위험에 처하면 성도들과 함께하실 뿐만 아니라, 성도들에게 "하나님이 이르시되 그가 나를 사랑한즉 내가 그를 건지리라 그가 내 이름을 안즉 내가 그를 높이리라 그가 내게 간구하리니 내가 그에게 응답하리라 그들이 환난당할 때에 내가 그와 함께하여 그를 건지고 영화롭게 하리라"(시 91:14~15)라고 말씀하신다. 이뿐만 아니라 "내가 너희에게 뱀과 전갈을 밟으며 원수의 모든 능력을 제어할 권능을 주었으니 너희를 해할 자가 결코 없으리라"(눅 10:19)라며 마귀 사탄을 이길 힘과 능력을 주시어 승리하게 하신다. 그래서 어거스틴은 "하나님은 악을 허락하시지만 그것을 더욱 큰 선으로 바꾸어 주신다"고 말했다.

영의 눈으로 미래를 보는 믿음

하박국 선지자는 장차 갈대아인들이 이스라엘에 쳐 들어와 그들에게 무화과나무, 포도나무, 감람나무 등의 과일을 다 빼앗겨 먹을 것이 없고, 밭에도 먹을 것이 없으며, 우리에도 양이 없고, 외양간에도 소가 없게 될 것을 환상으로 보았다. 그러나 하나님이 이스라엘 백성을 다시 구원해 주셔서 사슴과 같이 높은 곳으로 다니도록 해 주실 것을 믿고, 여호와를 인하여 즐거워하고 구원의 하나님을 인하여 기뻐한다고 말했다.

"비록 무화과나무가 무성치 못하며, 포도나무에 열매가 없으며, 감람나무에 소출이 없으며, 밭에 식물이 없으며, 우리에 양이 없으며, 외양간에 소가 없을지라도 나는 여호와를 인하여 즐거워하며 나의 구원의 하나님을 인하여 기뻐하리로다 주 여호와는 나의 힘이시라 나의 발을 사슴과 같게 하사 나로 나의 높은 곳에 다니게 하시리로다"(합 3:17~19).

이렇게 먹을 것도 없고 가진 재산도 없는데 전혀 걱정을 하지 않고 오히려 하나님을 인하여 즐거워하고 구원의 하나님을 기뻐하는 사람이 세상 어디에 있는가?

현재에는 먹을 것도 없고 가진 재산도 없지만 먼 장래에 하나님이 내게 먹을 것과 거할 장막과 삶에 필요한 물질을 주시려고 예비하시는 하나님을 영의 눈으로 보기 때문에, 현재 걱정하거나 두려워하지 않고 오히려 축복을 예비하고 계시는 하나님을 인해 즐거워하고 구원의 하나님을 인해 기뻐한다고 말하는 것이다. 이런 믿음을 오직 예수 믿음이라고 한다. '오직 예수 믿음'을 가지고 있는 사람이 어떠한 상황에서도 절대로 근심하거나 걱정하거나 실망하거나 좌절하지 않고 기뻐하는 이유는 영안으로 하나님이 준비하고 계시는 영의 세계를 보기 때문이다. 하나님이 준비하고 계시는 영의 세계는 다음 성경 말씀에서 알 수 있다.

"… 우리는 속이는 자 같으나 참되고 무명한 자 같으나 유명한 자요 죽은 자 같으나 보라 우리가 살아 있고 징계를 받는 자 같으나 죽임을 당하지 아니하고 근심하는 자 같으나 항상 기뻐하고 가난한 자 같으나 많은 사람을 부요하게 하고 아무것도 없는 자 같으나 모든 것을 가진 자로다"(고후 6:8~10).

주님 한 분만 모시고 있으면 진실되고, 유명한 사람이다. 주님 한 분만 모시고 있으면 어떤 역경에도 죽지 않고 사는 사람이다. 주님 한 분만 모시고 있으면 만사형통하므로 항상 기뻐하는 사람이 된다. 주님 한 분만 모시고 있으면 나로 인해 내 이웃이 복을 받게 되므로 복된 사람이 돼 즐거워하고 기뻐하게 되는 것이다.

하나님은 '오직 예수 믿음'을 가진 사람을 찾고 계신다. 하나님은 '오직 예수 믿음'을 가진 사람과 함께 일하신다. 하나님은 '오직 예수 믿음'을 가진 사람에게 축복하신다.

　인도네시아에서는 태어날 때 가지고 있던 종교를 자기 마음대로 바꿀 수 없다.

　이슬람교도인 어느 부자 부부가 성지순례 차 사우디에 가서 택시를 탔는데 기사가 인도네시아 사람에게 "그 여비로 가난한 사람을 도와주기나 하지 뭐하러 성지순례를 하냐고 말하면서 예수를 믿으라"라고 전도를 했다. 사우디에서는 다른 종교를 포교하지 못하도록 헌법에서 규정하고 있기 때문에 인도네시아 사람은 사우디의 종교 경찰에게 택시 기사를 고발했다. 경찰이 택시 운전수를 고발한 사람과 대질시켰는데 이상하게도 '예수를 믿으라'고 전도한 운전수가 아니었다.

　인도네시아 사람은 성지순례를 마치고 고국으로 돌아와서 예수를 잘 믿는 친구에게 이 이상한 이야기에 대해 물어보려고 그의 집에 갔다. 친구 집 거실에서 잠시 친구를 기다리는 동안 벽에 걸려 있는 예수님 그림을 본 부인이 "여보, 사우디에서 우리에게 예수 믿으라고 한 사람이 바로 저 사람이에요"라고 말했다. 남편도 그 그림을 보니 사우디에서 자기들에게 전도한 바로 그 사람이었다. 예수 믿는 친구가 이 이야기를 듣고, 이들 부부에게 기독교의 진리를 설명하자 부부는 기독교가 참 진리임을 깨닫고, 그리스도인이 되기로 결심했다.

　그들은 종교를 기독교로 개종하기 위해 법원에 종교 변경

신청을 했다. 법원에서 기독교로 개종을 허락하는 조건은 그들의 모든 지위, 재산, 명예를 박탈하는 것이었다. 이 부부는 자신들의 지위, 재산, 명예를 모두 다 버리고 예수님 한 분만을 소유하게 됐다. 이렇게 해 이 인도네시아 부부는 '오직 예수 믿음'을 가진 사람들이 됐다.

나는 10여 년 전에 소변을 보는 것이 시원하지 않아 서울대병원에 갔다. 담당 의사는 피 검사 결과를 보더니 피 수치 4가 정상인데, 27이 나왔다며 피부 조직검사를 한 뒤 수술 여부를 결정하겠다고 말했다.

약간 걱정이 되기는 했으나 하나님께 기도하면 수술하지 않고 약만으로 치료할 수 있다는 믿음으로 의사에게 '다시 한 번 더 피 검사를 해 보고 결정합시다'라고 말했다. 그랬더니 의사도 흔쾌히 그렇게 하자고 해 다시 피 검사를 하고 집으로 돌아왔다.

우리 부부는 피 검사 수치가 정상인 4가 되도록 일주일 동안 매일 예배를 드리고, 새벽마다 보통 때보다 더 많은 시간을 기도했다. 이렇게 기도를 시작한 지 이틀이 됐을 때다. 아내가 새벽기도를 마치고 5시가 넘어 잠자리에 누웠는데, 비몽사몽 간에 환상을 보았다. 1970~1980년대에 소풍갈 때 사용했던 도시락용 양은 찬합이 있었는데, 누군가 그 찬합 뚜껑을 여니까 그 속에 빨간 뱀이 똬리를 틀고서 고개를 쳐들고 혀를 날름거리는 환상이었다. 아내는 깜짝 놀라 일어나 거실로 나가서 하나님께 환상의 의미가 무엇인지 기도로 물었다. 아내는 평상시에는 일반적인 기도 형식으로 기도하지만, 중대한 문제가 있을 때는 하나님과 대화식으로 기도한다.

하나님이 "사랑하는 딸아, 마귀 사탄이 피 속에 들어가서 피 수치를 높게 했다. 그러니 피 속에 역사하는 마귀를 기도로 물리치라"라고 말씀하셨다.

우리 부부는 하나님께로부터 기도 응답을 받았기 때문에 힘을 내 기도를 한 뒤 일주일 후 담당 의사를 만나러 병원에 갔다. 나는 담당 의사를 보자마자 '수치가 얼마 나왔습니까?'라고 물었다. 그랬더니 의사는 7이 나왔다고 하면서 "암은 아니고…"라고 말했다.

우리 부부는 피 속에서 전립선 비대증을 통해 암으로 공격하려 했던 마귀 사탄을 믿음의 기도로 물리치고 승리했다. 할렐루야!

3. 기도로 사탄을 물리친다

"일을 행하시는 여호와, 그것을 만들며 성취하시는 여호와, 그의 이름을 여호와라 하는 이가 이와 같이 이르시도다 너는 내게 부르짖으라 내가 네게 응답하겠고 네가 알지 못하는 크고 은밀한 것을 네게 보이리라"(렘33:2~3).

믿음의 기도로 사탄의 공격을 물리친 다니엘

유다 왕 여호야김이 왕 위에 오른지 3년째 되던 해에 바벨론 왕 느부갓네살이 예루살렘을 함락하고 하나님의 전에 있는 기구들을 탈취해 시날 땅에 있는 그의 신의 보고(寶庫)에 두었다. 또 환관장이 이스라엘 자손 중에서 왕족과 귀족 중에 재주 있는 젊은이들을 뽑아 이들에게 갈대아 사람의 학문과 언어를 가르쳤다. 이 젊은이들 중에 다니엘이 있었다. 환관장은 이들이 왕궁에서 왕이 먹는 음식을 먹고 왕이 마시는 포도주를 마시도록 해 3년 동안 교육을 받은 후에 느부갓네살 왕 앞에 세우도록 했다. 그러나 "다니엘은 뜻을 정하여 왕의 진미와 왕이 마시는 포도주로 자기를 더럽히지 아니하리라 하고 자기를 더럽히지 않게 하기를 환관장에게 구하므로"(단 1:8) 하나님이 환관장의 마음을 감동시키셔서 그가 허락했다.

느부갓네살 왕의 명을 어겨 목이 달아날까 봐 걱정하는 환관장에게 다니엘이 "우리가 열흘 동안 채식을 먹은 후의 우리의 얼굴과 왕의 진미를 먹은 다른 소년들의 얼굴을 비교하여 보고 허락을 해 달라"(단 1:12~13)라고 말했고, 환관장이 허락했다. 이렇게 왕궁에서 자란 다니엘은 왕이 해석하기 어려운 꿈을 꿀 때마다 해몽을 잘해 바벨론의 느부갓네살 왕과 벨사살 왕 그리고 메대가 바벨론을 정복해 다리오가 왕이 되었을 때에도 세 총리 중 하나가 됐다.

"다니엘은 마음이 민첩하여 총리들과 고관들 위에 뛰어나므로 왕이 그를 세워 전국을 다스리게 하고자 한지라"(단 6:3). 다리오 왕이 이렇게 다니엘을 신임하고 그를 사랑하는 것을 본 다른 총리와 고관들이 시기 질투해 다니엘을 죽일 모의를 했다. 이들은 다니엘이 공적 임무 수행 중에 실수를 책잡으려 했으나, 다니엘이 임무를 철저하게 수행함으로 공적 임무에서는 그의 실수를 찾지 못하자 다니엘의 믿음을 공격 대상으로 삼았다. '앞으로 30일 동안 왕 이외의 신이나 사람에게 기도하는 사람은 사자 굴에 던져 넣는다'는 조서에 왕이 어인을 찍도록 하여 메대와 바사 전국에 공포했다. 고대 근동에서는 왕을 신의 대리자 또는 신적인 존재로 여겼기 때문에 왕에게 경배하는 것은 자연스런 일이었다.

믿음이 적은 우리는 왕 이외의 다른 신에게 기도하는 사람은 사자 굴에 던진다는 조서를 보면 일단 살려고 30일 동안은 하나님께 기도하지 않을 것이다.

그러나 믿음이 좋은 다니엘은 "다니엘이 이 조서에 왕의 도장이 찍힌 것을 알고도 자기 집에 돌아가서는 윗방에 올라가 예루살렘으로 향한 창문을 열고 전에 하던 대로 하루 세 번씩 무릎을 꿇고 기도하며 그의 하나님께 감사하였더라"(단 6:10). 이렇게 하나님께 기도하다가 사자 굴에서 "죽어도 감사합니다" 하는 기도를 했다. 보통 믿음의 기도가 아니다. 우리는 이런 다니엘의 믿음의 기도를 본받아야 한다. 이런 믿음의 기도에는 역사하는 힘이 크다(약 5:16).

하나님은 이런 믿음의 기도를 기뻐하시고 응답해 주신다. 다니엘을 죽이려고 하는 무리들이 여전히 하나님께 기도하는 다니엘의 모습을 보고 왕에게 나아가 "지금부터 30일 동안 누구든지 왕 이외의 신에게나 사람에게 구하면 사자 굴에 던져 넣기로 하지 않았습니까? 그런데 다니엘이 왕과 왕의 도장이 찍힌 금령을 존중하지 아니하고 하루 세 번씩 기도합니다"라고 고소했다.

왕이 이 말을 듣고 지혜롭고 충성스러운 다니엘을 사랑하는 마음으로 다니엘을 구원하고 싶었으나, 다니엘을 고소한 무리가 다시 왕에게 나아와 "왕이여, 메대와 바사의 규례를 아시거니와 왕께서 세우신 금령과 법도는 고치지 못합니다"라고 왕이 다니엘을 풀어 주지 못하도록 압력을 가했다. 할 수 없이 왕은 다니엘을 사자 굴에 던져 넣었다. 그러나 왕은 다니엘이 걱정이 되어 사자 굴에 들어간 다니엘에게 "네가 항상 섬기는 너의 하나님이 너를 구원하시리라"(단 6:16)라고 위로의 말을 했다.

다니엘을 사자 굴에 던져 넣고 사자 굴을 막은 후 왕의 도장과 다니엘을 고소한 귀족들도 도장을 찍어 봉인했다. 왕은 다니엘이 걱정이 돼 밤새도록 금식하고 그 앞에 오락을 금하고 잠을 자지 않았다.

다음 날 왕이 새벽에 일어나 급히 다니엘이 있는 사자 굴 가까이 가서 슬픈 소리로 "살아 계신 하나님의 종 다니엘아 네가 항상 섬기는 네 하나님이 사자들에게서 능히 너를 구원하셨느냐?"(단 6:20)라고 말할 때에 사자 굴에서 다니엘이 왕에게 "나의 하나님이 이미 그의 천사를 보내어 사자들의 입을 봉하셨으므로 사자들이 나를 상해하지 못하였사오니 이는 나의 무죄함이 그 앞에 명백함이오며 또 왕이여 나는 왕에게도 해를 끼치지 아니하였나이다"(단 6:22)라고 대답했다.

왕이 심히 기뻐하며 다니엘을 사자 굴에서 올린 후 다니엘이 조금도 상하지 않고 살아나게 한 것을 보고 "다니엘이 그의 하나님을 믿는 믿음 때문이다"(단 6:23)라고 말했다.

왕은 다니엘을 참소한 사람들을 그들의 처자들과 함께 사자 굴에 던져 넣게 하고 "내 나라 관할 아래 있는 사람들은 다 다니엘의 하나님 앞에서 떨며 두려워할지니 그는 살아 계시는 하나님이시요 영원히 변하지 않으실 이시며 그의 나라는 멸망하지 아니할 것이요 그의 권세는 무궁할 것이며 그는 구원도 하시며 건져 내기도 하시며 하늘에서든지 땅에서든지 이적과 기사를 행하시는 이로서 다니엘을 구원하여 사자의 입에서 벗어나게 하셨음이라"(단 6:26~27)라는 조서를 전국에 내렸다. 이렇게 다니엘은 자신을 공격했던 사탄을 믿음과 감사의 기도로 물리치고 승리했다.

한국 전쟁 때 필자가 어머니의 기도로 살아난 간증

한국 전쟁 때 나는 14세였다. 당시 선친께서 현직 판사이셨기 때문에 우리 온 가족은 집을 떠나 피난길에 올랐다. 인민군들은 남쪽으로 내려오는데 우리 가족은 계룡산으로 가기 위해 북쪽으로 피난을 갔다. 익산 밑에 있는 삼례라는 작은 마을에 도착했을 때 해가 저물었다.

우리 가족은 도로변에 있는 어느 초라한 집에 들어가 하룻밤을 재워 달라고 했다. 이 집 주인은 아마 당시 공산주의가 무엇인지도 모르면서 남한 정부가 후퇴한 것을 보고 영원히 공산 정권이 들어설 거라고 믿었는지, 당당한 기세로 우리를 노려보더니 보안대(남한의 경찰서)에 신고를 해야 한다며 결국 우리를 보안대에 신고했다.

보안대원 2명이 아버님과 함께 피난을 가던 육촌 형님을 데리고 보안대로 갔다. 어머님과 나를 비롯한 어린 4남매는 저녁도 먹지 못 하고 그 집 처마 밑에 웅크리고 앉아 있었다.

어머님은 그전에 교회에 출석은 하셨지만 깊은 믿음을 가지고 신앙생활을 하신 분이 아니셨다. 그러나 온 집안 식구의 생명이 풍전등화와 같은 위태로운 상황에 이르자 어머님은 하나님을 찾지 않을 수가 없었다.

　어머님은 도로변에 있는 집의 처마 아래 자갈이 울퉁불퉁 박힌 맨 땅에 무릎을 꿇고 억센 모기에 온 몸을 뜯기면서 밤새 하나님께 아버지와 육촌 형님의 생명을 구해 달라고 기도하셨다. 우리 4남매는 도로에서 밤을 지새우고 날이 밝아 어머님을 보니 어머님이 입고 계신 모시옷이 온통 모기가 물은 핏자국으로 울긋불긋 물들어 있었다.

　하나님은 "너는 내게 부르짖으라 내가 네게 응답하겠고 네가 알지 못하는 크고 은밀한 일을 네게 보이리라"(렘 33:3)라는 말씀과 "하나님이 이르시되 그가 나를 사랑한즉 내가 그를 건지리라 그가 내 이름을 안즉 내가 그를 높이리라 그가 내게 간구하리니 내가 그에게 응답하리라 그들이 환난당할 때에 내가 그와 함께하여 그를 건지고 영화롭게 하리라"(시 91:14~15)라는 말씀과 같이 응답하셨다.

　아침이 돼 해가 중천에 떠오르자 아버님과 육촌 형님이 보안대에서 풀려 나오신 것이다. 그뿐만 아니라 당시에는 방언이 무엇인지도 모르는 시대에 어머님은 아버님과 육촌 형님을 위해 철야기도를 하시다가 방언의 은사를 받으셨다. 할렐루야!

　이렇게 우리 가족은 무사히 삼례를 거쳐 계룡산에 도착해 피난생활을 했다. 얼마 되지 않아 서늘한 바람이 불기 시작하더니 날씨가 싸늘해졌다. 피난길을 떠나면서 우리 살림을 맡긴 집에 가서 가을 옷을 가져오기 위해 나는 어머님과 함께 계룡산 피난집을 떠났다. 사람들의 눈을 피해 가려고 산길로만 가면서 간혹 주막집을 만나면 거지 행세를 하고 동냥밥을 구했다. 그러면 집주인은 어린 나를 위아래로 훑어보고는 "흥, 한때 잘 살았으니 고생 좀 해 봐" 하면서 먹을 것을 주지 않아 굶으며 길을 걸어야 했다. 물론 어머님은 전대에 돈을 갖고 계셨지만 돈을 쓰다 발각되면 빨갱이들이 말하는 소위 부르주아(bourgeois)[11] 계급이라고 해 잡아가기 때문에 돈을 가지고 있으면서도 사용하지 못했다. 그래서 어린 나는 너무 배가 고파서 길을 가다가 감자밭이 있으면 남의 생감자를 캐서 생것으로 먹기도 했다. 나는 이때 배고픔의 고통이 얼마나 큰지를 경험했기 때문에 지금까지 어려운 사람들을 돕는 일을 계속하고 있다.

드디어 어머님과 나는 살림을 맡긴 집 가까이 도착했다. 앞에 있는 산 고개만 넘으면 그 집에 도착할 수 있었다.

어머님이 내게 "영서야, 이 고개를 넘기 전에 하나님께 기도하고 가자"라고 하시면서 만일 우리가 저들에게 붙잡히면 아버지와는 헤어져 어디에 계신지 모른다고 하고 아버지 있는 곳을 절대로 말해서는 안 된다고 하셨다.

우리 모자는 무릎을 꿇고 하나님께 기도하고서 고개를 넘어 비탈길 아래에 있는 조그마한 개울을 건넜는데 그곳에서 빨래를 하고 있는 두어 명의 아낙네들이 보였다. 우리가 그곳을 지나가면서 속으로 '저들이 우리를 고발하지나 않을까' 하는 생각을 하면서 살림을 맡겨 둔 집에 들어갔다. 그 집 주인이 우리를 보고서 하는 첫 말이 "왜 여기에 오셨어요? 지금 댁의 가족을

---

11) 부르주아(bourgeois) : 자본주의 사회의 부자를 뜻하는 프랑스어

잡으려고 현상금을 내 걸고, 온 동네가 가족을 잡으라고 독려하고 있어요"라고 말하면서 우리에게 꽁보리밥을 차려 왔다. 그리고 우리에게 "이 밥을 빨리 먹고 되돌아가라"라고 했다. 나는 배가 너무 고파서 생전 처음 먹어보는 꽁보리밥에 빨간 고추장을 넣고 비벼 한 그릇을 비웠다.

어머님과 함께 다시 오던 길로 가려고 고개를 넘고 있는데 멀리서 징소리가 울렸다. 마을에서 징을 치는 것은 마을 사람들에게 모이라는 의미였다. 우리는 불길한 징소리를 뒤로 한 채 걸음아 날 살려라 하고 거의 뛰다시피 했다. 뒤를 돌아보니 우리가 넘어온 산에 사람들이 하얗게 깔려 있는 것이 보였다. 어머님과 나는 힘을 다해 길을 달려갔는데, 어느 건장한 청년이 어머님 앞길을 가로 막더니 "당신 남편이 권 판사요?"라고 물었다. 어머님은 체념하시고 그렇다고 대답했다.

우리 모자는 그 청년에게 이끌려 어느 면소재지 면청사로 갔다. 면청사 마당에 미곡을 쌓아 놓는 큰 창고의 중간을 가로 막아 우측은 남자를 가두는 곳으로, 좌측은 여자를 가두는 곳으로 사용했는데, 보안대원들이 어머님은 좌측으로, 나는 어려도 남자라고 우측으로 보냈다. 저녁에 보안대원들이 어머님을 불러 아버님이 계신 곳을 물었지만, 어머님은 나와 약속한 대로 헤어져서 어디에 있는지 모른다고 단호히 말씀하셨다. 어머님를 취조하던 보안대원들이 어머님을 다시 감옥으로 돌려보냈다.

나는 하루 종일 먼 길을 걸어 왔기 때문에 가마니 바닥에 눕자마자 깊은 잠에 빠졌다. 새벽 1시쯤 됐을까 하는 시간에 '권영서 나와!' 하는 소리에 잠이 깨 밖으로 나왔더니 휘영청 달 밝은 밤이었다. 어떤 청년이 38식 소총을 들고서 나를 면청 앞마당에 있는 소나무 아래로 데리고 가서 세우고는 "내가 묻는 말에 정직하게 대답하지 않으면 이 총으로 쏘아 죽인다. 네 아버지가 있는 곳을 바른 대로 말하라"라며 나에게 협박했다. 그는 나를 소나무 밑에 세우고 약 6~7미터 뒤로 물러서더니 노리쇠를 잡아당겨 총을 겨누었다.

웬만한 아이였다면 그 청년이 겨누는 총이 무서워서 바로 아버지가 있는 곳을 말했을 것이다. 나는 불과 14살 밖에 되지 않은 나이였지만 어머님의 기도로 하나님께서 어린 내게 담대한 마음을 주셨다. 그래서 청년이 총으로 죽인다고 협박하는데도 불구하고 조금도 두려움 없이 담대하게 그 청년에게 아버님이 있는 곳을 모른다고 대답했다. 또다시 청년이 아버님이 계신 곳을 물었으나 나는 아버지가 어디에 계신지 끝까지 전혀 모른다고 대답했다. 그러자 청년은 나를 다시 감옥에 넣었다.

어머님은 감옥에 들어오자마자 물 한 모금도 마시지 않고 단식을 시작하셨다. 감옥에 갇혀 있는 사람들에게 식사를 제공하는 사람이 내게 같은 종씨(宗氏)라며 끼니 때마다 귀한 하얀 쌀밥에 콩나물국을 주었다. 어머님은 금식을 하시는데 나는 종씨의 덕택으로 감옥에서 배부르게 지낼 수가 있었다.

남자 감방 바로 옆에는 자아비판 방이 있었다. 매일 밤 이 자아비판 방에서 비명소리가 들렸다. 첫날밤에는 내가 너무 피곤해서 이 소리를 듣지 못하고 잠을 잤다. 그런데 다음 날부터

이 비명소리 때문에 잠을 잘 수가 없었다.

나중에 안 사실이지만 대한민국 정부의 관리를 지낸 사람은 사상범으로, 부농이나 재산이 있는 사람은 부르주아로 몰아 이 자아 비판방에 앉혀 놓고 자아비판을 강요했다고 한다. 자아비판을 강요하는 저들은 뾰족한 대창을 하나씩 들고 의자에 둘러앉아서 가운데 앉아 있는 사람에게 자아비판을 강요했다. 요구하는 대로 자아비판을 하지 않으면 가지고 있던 대창으로 발목, 무릎, 손목, 팔목 등 관절이 있는 곳을 찔렀다. 그래서 사람 때리는 소리는 들리지 않는데 사람 비명 소리만 들린 것이었다.

어머님과 내가 감옥에 잡혀 온 지 8일째 되는 날 아침에 또 어떤 사람이 내 이름을 부르면서 나오라고 해서 밖으로 나갔더니 이미 어머님도 나와 계셨다. 빨갱이들은 사정을 한다고 들어주는 인정 있는 사람들도 아니고, 뇌물을 준다고 해도 받는 사람들도 아니다. 그런데 이날 아침 그들은 우리 모자를 불러 내 "우리가 당신들을 조사해 봤는데 당신들에게 혐의가 없어 석방을 하니 지금 나가시오"라고 말하는 것이었다.

저들이 말하는 우리 모자의 죄가 있다면 대한민국 정부에서 아버님이 판사를 한 일이 그들에게는 반동분자요 사상범이 되는 것이다. 우리 모자에게 무슨 범죄 혐의가 있으랴마는 그들은 우리에게 혐의가 없어 우리를 석방한다고 말했다. 우리 모자가 갇혀 있던 감옥에서 하루에도 한두 명씩 죽어 나갔는데 풀무 불 속에서 머리털 하나도 상하지 않고 사드락, 메삭, 아벳느고를 건지신 것처럼 하나님은 우리 모자를 8일간의 감옥생활 동안 머리카락 하나 다치지 않게 하시고 새 사냥꾼의 올무에서 건져 주셨다. 할렐루야!

한국 전쟁 당시 공산주의라는 무기로 사탄이 우리 가족의 생명을 공격했지만 어머님의 기도로 사탄의 공격을 물리치고 전쟁의 난리 중에도 우리 가족은 한 명도 다치거나 위태롭게 되지 않았다. 이것은 오직 어머님의 기도에 하나님이 "나는 여호와를 향하여 말하기를 그는 나의 피난처시오 나의 요새요 내가 의지하는 하나님이시라 하리니 이는 그가 너를 새 사냥꾼의 올무에서와 심한 전염병에서 건지실 것임이로다 그가 너를 그의 깃으로 덮으시리니 네가 그의 날개 아래에 피하리로다 그의 진실함은 방패와 손 방패가 되시나니 너는 밤에 찾아오는 공포와 낮에 날아드는 화살과 어두울 때 퍼지는 전염병과 밝을 때 닥쳐오는 재앙을 두려워하지 아니하리로다"(시 91:2~6)라고 하신 말씀대로 우리 모자에게 날아오는 화살과 전염병을 막아 우리 모자를 죽음에서 건져 주신 덕분이다.

아내의 악성 종양을 기도로 치료하다

수년 전 아내는 변을 볼 때마다 변에 피가 묻어 나왔다. 처음에 우리 부부는 변비 때문에 변에 피가 묻어 나오는 줄 알고 동네 병원에 가서 직장 검사를 했는데 의사가 악성 종양이라며 바로 서울대병원에 가라고 했다. 그래서 바로 서울대병원 소화기내과에서 장 내시경을 잘 한다는 김 모 의사에게 진료 예약을 하려고 병원에 전화를 걸었다. 예약을 하면 보통 한 달 이상 기다려야 하는데 여호와 이레로 빈자리가 생겨 일주일 후 진료를 받을 수 있게 됐다. 우리 부부는 기도를 열심히 하고 진찰을 받으러 가면서 동네 병원에서 찍은 영상을 CD에 담아 갔다. 대장과 직장 내시경 검사를 할 날짜를 일주일 후로 정하고 우리 부부는 귀가했다.

아내는 악성 종양이 악성 종양으로 끝나지 않고 진짜 악성이 될까 봐 걱정이 돼 밤에 자지 못하고 거실에서 밤새 울며 하나님께 기도했다. 그때 하나님이 아내에게 "네 나라에서 제일 무서운 병이 무엇이냐?"라고 물으셨다. 그래서 아내는 "그거야 두 말할 것없이 암이죠"라고 대답했더니 하나님이 "의사에게 악성 종양으로 판정하게 한 것도 나다"라고 하시면서 "내가 이미 악성 종양을 다 치료했다. 아무 걱정하지 말라. 육신의 의사도 내가 세웠다"라고 말씀하셨다. 그러자 아내가 다시 하나님께 "하나님이 치료하셨으니 서울대병원에 가지 않아도 되겠네요?"라고 물었더니 "서울대병원 의사에게 가 봐라 의사가 '조직검사 결과 아무것도 아니다'라고 할 것이다"라고 말씀하셨다.

일주일 뒤 우리 부부는 대장과 직장 검사 결과를 보러 병원에 갔다. 담당 의사가 컴퓨터에 나온 결과를 보고 우리에게 하는 첫 말이 "아무것도 아닙니다"였다. 하나님이 아내에게 응답하신 말씀과 토씨 하나도 틀리지 않았다. 우리 부부는 너무나 기뻐서 속으로 할렐루야 쾌재(快哉)를 부르며 자리에서 벌떡 일어났다. 의사는 우리 부부의 행동이 의아하다는 표정으로 쳐다봤다. 이렇게 아내는 악성 종양으로 공격하던 사탄을 기도로 물리치고 승리했다.

떠나는 마귀,
돕는 천사

part IV

기도의
자세와 방법과 응답

"예수께서 그들에게 항상 기도하고 낙심하지 말아야 할 것을 비유로 말씀하여
이르시되 어떤 도시에 하나님을 두려워하지 않고 사람을 무시하는
한 재판장이 있는데 그 도시에 한 과부가 있어 자주 그에게 가서
내 원수에 대한 나의 원한을 풀어 주소서 하되
그가 얼마 동안 듣지 아니하다가 후에 속으로 생각하되
내가 하나님을 두려워하지 않고 사람을 무시하나 이 과부가 나를 번거롭게 하니
내가 그 원한을 풀어 주리라 그렇지 않으면 늘 와서 나를 괴롭게 하리라 하였느니라
주께서 또 이르시되 불의한 재판장이 말한 것을 들으라
하물며 하나님께서 그 밤낮 부르짖는 택하신 자들의 원한을 풀어 주지 아니하시겠느냐
그들에게 오래 참으시겠느냐 내가 너희에게 이르노니
속히 그 원한을 풀어 주시리라
그러나 인자가 올 때에 세상에서 믿음을 보겠느냐 하시니라"

(눅 18:1~8).

1. 기도의 자세

"내 이름으로 일컫는 내 백성이 그 악한 길에서 떠나 스스로 낮추고 기도하여 내 얼굴을 구하면 내가 하늘에서 듣고 그 죄를 사하고 그 땅을 고칠지라 이제 이곳에서 하는 기도에 내가 듣고 귀를 기울이리라"(대하 7:14~15).

예수를 믿는 순간부터 영적 전쟁이 시작된다

사람들은 예수님을 구세주로 믿는 시간부터 하늘나라에 갈 때까지 마귀 사탄과 영적 전쟁을 한다. 사탄은 하나님의 백성을 미혹하고, 미혹에 넘어가지 않으면 때로는 질병으로 공격하기도 하고, 어떤 사람에게는 사업을 망하게 하기도 하며, 또 어떤 사람에게는 가정에 불화를 주어 가정을 파탄시키기도 해 성도들의 믿음을 빼앗아 간다. 이것이 바로 영적 전쟁이다.

싸움과 전쟁은 다르다. 싸움은 주먹으로 치고 때려 코피가

나거나 팔 다리가 다치거나 하는 정도다. 그러나 전쟁은 무기를 가지고 상대방을 죽이는 행위다. 사탄과의 전쟁을 싸움이라 하지 않고 전쟁이라고 하는 이유는, 사탄이 그리스도인들을 여러 가지 방법으로 공격해 마지막에는 그리스도인들을 죽여 지옥으로 끌고 가기 때문이다.

대부분의 성도들은 이 사탄과의 전쟁을 대수롭지 않게 생각하는 경향이 있다. 그러나 성도들이 생각하는 것처럼 사탄은 우리에게 장난 정도로 도전하는 게 아니다. 사탄은 죽기 아니면 살기로, 밤에 자지도 않고 24시간 우는 사자와 같이 먹잇감을 찾아다니고 있기(벧전 5:8) 때문에 성도들은 정신을 반짝 차리고 사탄을 물리쳐야 한다.

예수님은 베드로에게 "시몬아, 시몬아, 보라 사탄이 너희를 밀 까부르듯 하려고 요구하였으나"(눅 22:31)라고 말씀하심으로 장차 베드로가 예수님을 모른다고 부인하는 것이 베드로의 의지가 아닌 사탄의 조종을 받아 예수님을 부인하게 될 것이라고 말씀하셨다.

그러므로 "근신하라 깨어라 너의 대적 마귀가 우는 사자같이 두루 다니며 삼킬 자를 찾는다"(벧전 5:8)라는 말씀은 성경을 읽지도 않고, 기도도 하지 않는 영적으로 무방비 상태에 있는 성도들을 사탄이 공격하기 때문에 "깨어 근신하라"라고 경고하시는 말씀이다.

그렇다면 '깨어 근신'하는 것은 무엇이며 어떻게 깨어 근신해야 하는가? 하나님은 이스라엘 백성에게 4가지 선물을 주셨다. 첫째, 하나님의 말씀이다. 둘째, 안식이다. 셋째, 성막이다. 넷째, 기도다.

이 4가지 선물은 하나님과의 연결선인 '믿음'이라는 케이블 선을 가지고 있는 사람만 누릴 수 있다. 하나님을 자기의 아버지로 모시고 믿는 사람만이 하나님이 주시는 선물을 받을 수 있다.

만일 하나님이 이스라엘 백성에게 이 4가지 선물 중 '기도'라는 선물을 주시지 않았다면 오늘날 영적으로 이스라엘 백성인 우리는 어떻게 될까? 아마 우리 그리스도인들은 매일 마귀 사탄의 노리개가 돼 죄악 속에서 허우적거리며 성도로서의 삶을 살지 못할 것이다.

우는 사자같이 찾아다니며 먹잇감을 찾는 마귀 사탄을(벧전 5:8) 멸하시려고(요일 3:8) 이 땅에 오신 분이 바로 우리 구세주 예수님이시다. 성도들이 하나님과의 영적 통로인 기도를 통해 소원을 하나님께 올리면 하나님은 성도들의 기도를 들으시고 말씀으로 찾아오시어 가야 할 길로 인도해 주신다.

기도에는 4가지 종류가 있다. 첫째, 매일 습관적으로 하는 (살전 5:17) 일반적인 기도다. 둘째, 문제가 있을 때 그 문제를 해결하기 위해 날을 정해 놓고 하는 특별기도다. 여기에는 다니엘의 21일 기도(단 10:2~3), 40일 기도(신 9:9; 왕상 19:8; 마 4:2), 백일기도와 천일기도(왕상 3:4) 등이 있다. 셋째, 위급한 큰 문제가 있을 때 생명을 내 놓고 부르짖는 금식기도다. 에스더의 3일 금식기도(에 4:16), 다니엘의 21일 금식기도(단 10:2~3), 모세의 40일 금식기도(출

34:28), 엘리야의 40일 금식기도(왕상 19:8), 예수님의 40일 금식기도(마 4:2) 등이 있다. 이 금식기도는 응답을 빨리 받을 뿐만 아니라, 하나님의 능력을 받는 길이기도 하다. 넷째, 장시간 동안 하는 깊은 기도인데, 이 기도를 통해 하나님과 영적 교통을 하면 하나님이 영안을 열어 주셔서 하늘 세계를 맛볼 수 있다.

40여 년 전에 아내가 독자를 하늘나라에 보내고 날마다 하나님께 울부짖으며 아들을 보여 달라고 기도했을 때, 하나님은 아내의 영안을 열어 주시어 하늘 세계를 잠깐 보여 주신 적이 있다. 캄캄한 밤에 서치라이트(search-light)가 앞을 환하게 비춰 주는데, 보석이 깔린 길 양편에 아름다운 꽃들이 즐비하게 있고 우리 아이가 천사의 손에 이끌리어 길 양편에 있는 꽃들을 구경하는 모습을 본 것이다.

로버트 스피어 목사님은 '기도 안에서 전인이 하나님께 드려져야 한다. 자신과 자신의 모든 것과 자신에게 속한 모든 것을 하나님께 드린 사람에게 기도 안에서 가장 큰 결과가 나온다. 이것이 성공적인 기도의 조건이며 가장 큰 결실을 맺는 기도'라고 말한다.

기도는 인간이 하늘의 하나님께 나아가는 길이다.
기도는 인간이 하늘의 하나님을 만나는 길이다.
기도는 성도가 성령 충만함을 받는 길이다.

기도는 성령의 빛으로 죄악의 어두움을 몰아내는 방법이다.
기도는 하나님의 형상을 우리 영혼에 새기는 방법이다.
기도는 공허를 하나님의 영으로 충만하게 채우는 길이다.
기도는 저주를 축복으로 바꿔 주는 방법이다.
기도는 무지를 지혜로 바꿔 주는 방법이다.
기도는 멸시를 존귀로 바꿔 주는 방법이다.

이런 기도의 역사는 '믿음'이라는 케이블 선을 하나님께 단단히 연결하고, 온전한 마음과 온전한 생각을 하나님께 드릴 때 비로소 하나님과의 관계가 이루어진다.

인간은 기도를 통해 하나님께 나아가고, 하나님이 어떤 분이신가를 알게 되고, 하나님의 피조물로서의 자신을 자각할 수 있다. 하나님이 그렇게 창조하셨기 때문이다.

기도는 죄악이라는 더러운 균으로 뒤범벅이 된 인간의 영혼을 살균해 깨끗하게 하고, 영혼이 다시 죄악의 균으로 오염되지 못하도록 예방하는 방부제 역할을 한다. 즉 기도는 죄악으로 오염된 영혼을 정결케 하며, 죄악의 전염을 막는 예방주사 역할을 하는 것이다.

또한 기도는 하늘에 계시는 하나님을 움직여 하나님께로부터 신임의 사인(sign)을 받는 방법이다. 그러므로 우리는 기도로 우리 자신을 묶어 하나님께 올려 드려 하나님의 사인을 받아야 한다.

이렇게 하나님께 드려진 기도는 하나님께 상달돼 성도 각자의 기도 책에 하나하나 기록돼, 각자의 기도 분량이 찰 때(계 5:8; 8:3~4) 시간을 초월해 영원히 존재하면서 성도들과 성도들의 후손들에게 영원히 역사하게 하는 축복의 원동력이 된다. 그러므로 하나님은 기도하는 성도들의 기도에 따라서 일하기도 하시고, 기도를 하지 않는 사람에게는 일하지 않으시기도 한다. 무슨 의미일까? 하나님은 기도하는 사람을 찾으시고 기도하는 사람의 기도를 들으시고, 기도하는 사람과 함께 하늘나라 일을 하신다.

그래서 하나님은 "내 이름으로 일컫는 내 백성이 그 악한 길에서 떠나 스스로 낮추고 기도하여 내 얼굴을 구하면 내가 하늘에서 듣고 그 죄를 사하고 그 땅을 고칠지라 이곳에서 하는 기도에 내가 듣고 귀를 기울이리니"(대하 7:14~15)라고 말씀하신다.

하나님의 목적은 인간을 죄에서 구원하시는 것이다. 하나님은 구원 사역을 통해 하늘나라를 확장해 가기 원하신다. 하나님은 구원 사역을 위해 우리에게 '성경 말씀'과 '기도'를 주셨다. 그리고 말씀을 읽으라고 하시고 기도하라고 명령하신다.

그래서 말씀을 읽고 기도할 때 믿음이 생긴다. 말씀을 읽고 기도할 때 하나님의 능력이 나의 능력이 된다. 말씀을 읽고 기도할 때 영안이 떠져 육신의 일만 보던 눈이 영의 세계를 보는 눈이 된다. 하나님은 말씀을 읽고 기도하는 사람에게 영적인 비전을 주신다. 말씀을 읽고 기도할 때 우리의 앞길을 가로막고 방해하던 마귀 사탄이 물러가는 역사가 일어난다.

그러므로 성도들은 금보다 귀한 말씀을 매일 읽어 말씀의 검으로 무장하고(엡 6:17), 기도의 끈으로 자신을 하나님께 매달아 (살전 5:17) 하나님께로부터 떨어지지 않도록 신앙생활을 해야 한다.

바벨론에 포로로 잡혀와 포로생활을 하던 이스라엘 백성에게 하나님은 에스겔 선지자를 통해 그분의 계획을 말씀하셨다. 아브라함과 모세와 언약하신 땅이 예루살렘이며, 하나님이 주권을 행사하시는 성지인 그곳에서 장차 메시아가 태어날 것이기 때문에, 이스라엘 백성을 예루살렘으로 귀환하게 해 예루살렘을 회복시켜 주실 거라고 하셨다.

"주 여호와가 이같이 말씀 하였느니라 그래도 이스라엘 족속이 이같이 자기들에게 이루어 주기를 내게 구하여야 할지라 내가 그들의 수효를 양 떼같이 많게 하리라"(겔 36:37)라는 말씀에서 '그래도'는 무슨 의미일까? 하나님께 이스라엘 백성을 예루살렘으로 회복시킬 계획이 있다 하더라도 이스라엘 백성은 이 하나님의 계획이 이루어지도록 하나님께 기도해야 한다는 것이다. 하나님이 성도 각자를 향한 계획이 있을 지라도 성도는 그 계획이 이루어지도록 매일 기도해야 한다. 그러므로 성도들에게 기도는 선택 사항이 아니고 필수 사항이다.

그래서 필립 헨리(Philip Henry) 목사는 이렇게 말했다.

아침 기도의 열쇠로 하늘 문을 열고 저녁 기도의 열쇠로 하늘 문을 닫으라. 죄와 싸우는 최선의 방법은 무릎으로 싸우는 것이다.

하나님 앞에 나아가는 자는 먼저 회개기도를 해야 한다

하나님은 광야에서 이스라엘 백성에게 '율법'과 '성막'을 주셨다. '율법'은 하나님의 거룩한 공의와 정죄와 사망의 형벌을 의미하며, 하나님이 죄에 대한 인간의 철저한 실패를 보여 주기 위해 이스라엘 백성에게 주신 것이다.

'성막'은 하나님의 거룩한 율법을 파괴한 죄인들을 위해 하나님이 마련하신 길이다. 하나님은 율법이 아닌 하나님의 은혜로 우리를 구원하시려고 성막을 주셨다. 하나님이 광야에서 지으라고 명령하신 성막은 예수 그리스도의 모형이며, 형상이다. 성막은 인간이 하나님을 만나는 곳이며, 또 하나님이 인간을 만나는 곳이기도 하다. 이곳은 제물과 피를 근거로 해 인간이 하나님께 접근할 수 있는 유일한 곳이며, 하나님과 인간 즉, 신성과 인성이 만나는 유일한 곳이다. 그러므로 주님은 완전한 성전이시다.

우리는 성막 문 앞에 서 있다. 그런데 이 성막 안으로 들어가기 전에 먼저 해야 할 일이 있다. 먼저 A, B, C 3단계의 신앙고백을 하는 사람만 성막 안으로 들어갈 수 있다.

첫째, 'A'는 Acknowledge(인정하다)로, 자신의 죄를 인정하는 것이다. 우리 자신의 의로움이나 장점을 주장하지 않을 뿐만 아니라 선한 행위나 종교나 도덕성을 의지하지 않고, 구원을 얻기 위해 그리스도의 보혈만을 믿고 예수님께 나아가는 것이다.

둘째, 'B'는 Believe(믿다)로, 주 예수 그리스도를 나의 구세주로 믿는 것이다. 기독교의 믿음은 어머니의 배 속에 들어 있는 태아가 어머니와 탯줄로 연결돼 있는 것같이, 믿음은 우리를 하나님과 연결시켜 하나님의 생명을 우리에게 주는 생명줄이기 때문에 기독교의 믿음은 곧 생명이다.

셋째, 'C'는 Confess(고백하다)로, 내가 죄인임을 고백하고 예수님을 나의 구세주로 모시겠다고 고백하는 것이다.

이렇게 믿음의 3단계를 거쳐 성막 안으로 들어가면 제일 먼저 만나는 것이 번제단이다. 이 '번제단'은 '들려지다'라는 의미가 있다. 즉 '번제단'은 들려지는 곳으로, 예수 그리스도의 십자가를 가리킨다. 주님께서 말씀하시기를 "내가 땅에서 들리면 모든 사람을 내게로 이끌겠노라"(요 12:32)라고 말씀하셨다.

이 제단은 동물이 대속적 죽임을 당하는 곳이다. 거기서 죽은 동물의 피를 제단 바닥에 뿌렸으며, 그 몸은 제단 위에서 불로 태웠다. 곧 제단은 죽음의 장소다. 이 제단은 성막 뜰의 문과 성막 안으로 들어가는 입구 사이에 놓여 있다. 또한 이 제단은 전체 성소에서 가장 큰 기구로, 제사장이 성소에서 예배드리려고 들어갈 때 차례로 거치는 일곱 개의 성소 기구들 중에서 가장 먼저 맞는 기물이다. 이 제단은 성막 안으로 들어가는 출발 지점이며, 인간이 하나님께 접근을 시작하는 곳이기도 하다.

이 번제단을 거치지 않고서는 성소 안으로 들어갈 수가 없다. 다시 말해 회개를 통해 십자가의 피로 씻음받지 않고서는 거룩하시고 살아 계신 하나님께로 나아가는 것이 불가능하다는 것이다. 성막에 들어가는 자는 누구나 이 번제단에서 회개의 번제물을 드려야 한다. 이 제단은 두 말할 것없이 그리스도의 십자가를 상징한다.

십자가를 의미하는 번제단은 하나님께로 나아오는 모든 죄인의 길을 일단 차단한다. 그리고 이 제단에서 정지해 거기서 흘린 피와 드린 제물을 자기를 위해 드려진 대속물로 받아들여지지 않는 사람은 절대로 더 이상 앞으로 나아갈 수가 없는 것이다. 다시 말해, 회개를 통해 십자가 피로 죄 씻음을 받지 않고는 거룩하시고 살아 계신 하나님께로 나아가는 것이 불가능하다.

하루는 유대인 관원 바리새인 니고데모라 하는 사람이 밤에 예수님을 은밀히 찾아와 말했다. "선생님, 우리는 당신이 하나님으로부터 오신 것을 알고 있습니다. 하나님이 함께하지 않으시면 이런 표적을 하실 수 없다는 것을 잘 알고 있습니다." 그러자 예수님이 말씀하셨다. "진실로 진실로 네게 이르노니 사람이 거듭나지 아니하면 하나님 나라를 볼 수 없느니라"(요 3:3). 이때 니고데모가 "사람이 늙으면 어떻게 날 수 있습니까? 두 번째 모태에 들어갔다가 날 수 있습니까?"(요 3:4)라고 예수님께 물었다. 예수님은 "사람이 물과 성령으로 나지 아니하면 하나님 나라에 들어갈 수 없느니라"(요 3:5)라고 하셨다.

"물과 성령으로 거듭난다"라는 예수님의 말씀 중에서 '물'은 무엇을 의미할까? 이것은 "우리를 구원하시되 우리의 행한 바 의로운 행위로 말미암지 아니하시고 오직 그의 긍휼하심을 좇아 중생의 씻음과 성령의 새롭게 하심으로 하셨나니"(딛 3:5)라는 말씀 중의 '중생의 씻음'이란 말이 의미하는 것과 같다. 물은 세례 요한이 행한 세례로 물속에 그리스도와 함께 장사됐다가 부활하신 예수님과 함께 부활한 몸이 되는 회개를 의미한다.

'죄'란 무엇인가? 성경은 '죄'를 '행위나 상태에 있어서 하나님의 성품과 일치하지 않는 것이며, 육체에 속한 성품'이라고 말한다.

성도는 이 세상에 살면서 죄를 짓지 않을 수 없지만, 성도가 죄를 범했다는 것은 영이 병들어 깨끗하지 못함을 의미한다. 이렇게 죄로 병들어 깨끗하지 못한 영은 하나님 앞에 절대로 나아갈 수가 없다. 하나님은 "너희는 거룩하라 이는 나 여호와 너희 하나님이 거룩함이니라"(레 19:2)라고 말씀하셨다. 거룩하신 하나님 앞에 나아가려면 먼저 병든 영을 치료해 깨끗하고 거룩한 영이 돼야 한다.

영이 병이 들면 어디에 가서 치료를 받아야 할까? 영이 병들면 약으로는 치료할 수 없다. 오직 하나님께 죄를 고백해 그리스도의 피로 죄 사함을 받는 회개를 통해서만 치료할 수 있다. 이것이 바로 병든 영을 소생시키는 회개다. 하나님은 회개기도를 통해서만 병든 영을 치유하시고, 영을 소생시켜 주신다. "만일 우리가 우리 죄를 자백하면 그는 미쁘시고 의로우사 우리 죄를 사하시며 우리를 모든 불의에서 깨끗하게 하실 것이요"(요일 1:9)라고 성경은 말한다.

　병원에서 환자를 수술하기 전에 마취 주사를 놓으면 환부에 전혀 감각이 없어 메스로 피부를 찢어도 고통을 전혀 느끼지 않는 것과 같이 사탄이 사람에게 한 번 죄라는 마취 주사를 놓으면 죄에 대한 감각이 없어지게 된다. 이렇게 인간의 감각을 마비시키는 죄가 인간에게 들어오면 인격이 마비되고 정신이 혼미해져 자기가 행동하는 것이 죄인지 죄가 아닌지 분간하지 못하는 상태가 돼 멸망의 길로 가게 된다.

　인간이 하나님께 나아가려면 심각한 죄 문제를 반드시 해결해야 한다. 하나님은 성도들이 회개기도를 하지 않고 하는 기도에는 응답하지 않으신다. 그 이유는 "여호와의 손이 짧아 구원하지 못하심도 아니요 귀가 둔하여 듣지 못하심도 아니라 오직 너희 죄악이 너희와 너희 하나님 사이를 갈라놓았고 너희 죄가 그의 얼굴을 가리어서 너희에게서 듣지 않으시게 함이니라"(사 59:1~2)이다.

　그러므로 하나님 앞에 나아갈 때에는 반드시 회개기도로 우리 마음속에 있는 더러운 것들을 다 청소해야 한다. 그래야 거룩하신 하나님의 은혜의 축복을 우리 마음의 그릇에 담을 수가 있게 된다. 회개 없이는 우리의 병든 영을 소생시킬 수 없다. 그래서 음란죄와 살인죄를 범한 다윗 왕은 "하나님이여 내 속에 정한 마음을 창조하시고 내 안에 정직한 영을 새롭게 하소서"(시 51:10)라고 회개기도를 했다.

병든 우리의 영이 소생되지 않고서는 하나님 앞으로 나아갈 수가 없다. 그래서 세례 요한은 "회개하라 천국이 가까이 왔다"(마 3:2)라고 외쳤고, 예수님도 "회개하라 천국이 가까이 왔느니라"(마 4:17)고 외치셨다.

회개하는 삶은 세상을 바라보던 눈으로 하나님만을 바라보는 것이다. 죄의 길에서 생명의 길로 돌아서는 것이다. 세상 물질을 소유하던 마음에 예수님을 구세주로 모시는 것이다.

회개가 없는 삶은 형통도 없다. 회개가 없는 삶은 축복도 없다. 회개가 없는 삶은 평안도 없다. 기독교의 믿음은 반드시 회개를 해야 하나님이 예비하신 축복을 누릴 수가 있다. 그러므로 예전이나 오늘이나 동일하게 살아 역사하시는 하나님을 믿는 기독교는 회개를 통해서만 거룩하신 하나님 앞으로 나아갈 수 있는 종교다.

의심이나 염려나 두려움이 없는 기도를 해야 한다

"오직 강하고 극히 담대하여 나의 종 모세가 네게 명령한 그 율법을 다 지켜 행하고 우로나 좌로나 치우치지 말라 그리하면 어디로 가든지 형통하리니"(수 1:7).

야고보서에는 "오직 믿음으로 구하고 조금도 의심하지 말라 의심하는 자는 마치 바람에 밀려 요동하는 바다 물결 같으니"(약 1:6)라고 기록돼 있다. '의심'은 두 가지 생각 사이에서 갈팡질팡하는 분열된 마음이다. 성도들이 기도하고도 하나님께로부터 응답받지 못하는 이유에 대해 예수님은 "만일 너희가 믿음이 있고 의심하지 아니하면 이 무화과나무에 된 이런 일만 할 뿐 아니라 이 산더러 들려 바다에 던져지라 하여도 될 것이요"(마 21:21)라고 말씀하셨다.

의심 없는 참믿음의 기도는 우선순위를 어디에 두고 어떤 가치를 선택하느냐에 따라서 의심 없는 참믿음으로 구분된다. 이 세상에서 가장 귀한 것은 오직 예수님이며, 이 오직 예수 믿음을 제일 우선순위에 놓은 자세로 기도하는 것이 바로 '오직 믿음으로 구하고 의심하지 않는 기도'다.

하루는 예수님께 야이로라는 회당장이 와서 자기 딸이 죽게 됐으니 자기 집으로 가서 딸을 살려 달라고 간청했다. 예수님은 그의 청을 허락하시고 회당장의 집으로 가던 중 12해 동안 혈루증을 앓고 있던 한 여인이 예수님의 옷자락만 만져도 자기의 혈루증이 나을 줄 믿고 예수님의 옷자락을 만졌을 때 혈루증이 싹 나았다. 예수님은 자신의 몸에서 능력이 나간 것을 아시고 "누가 내 몸에 손을 댔냐"고 물으셨다. 제자들이 예수님 주변에 많은 사람이 있기 때문에 그런 거라고 말했다. 그러나 예수님은 당신의 몸에 분명히 누군가가 손을 댔다고 말씀을 하실 때, 혈루증을 앓던 여인이 예수님께 나아와 엎드려 자초지종을 말씀드렸다.

이때 회당장의 집에서 한 하인이 달려와서 회당장에게 "선생님의 딸이 죽었습니다. 예수님을 집으로 모시고 올 필요가 없습니다"라고 전했다. 그 말을 들으신 예수님은 회당장에게

"두려워하지 말고 믿기만 하라"(막 5:36)라고 말씀하셨다. 여기서 예수님이 말씀하신 "두려워하지 말고 믿기만 하라"는 무슨 의미일까? 두려움에는 심판이 따라 온다는 것이다.

"사랑 안에 두려움이 없고 온전한 사랑이 두려움을 내 쫓나니 두려움에는 형벌이 있음이라 두려워하는 자는 사랑 안에서 온전히 이루지 못하였느니라"(요일 4:18). 그러므로 두려움이 없는 믿음으로 기도를 해야 하나님이 기뻐하시는 기도가 된다. 두려움은 하나님을 믿는 믿음의 케이블 선을 끊는 가위가 되기 때문이다.

마음속에 두려움이 들어와서 하나님을 믿는 믿음의 케이블이 끊어지면, 하나님이 성도들에게 그분의 능력을 행하시지 못할 뿐만 아니라, 성도들도 하나님의 은혜와 축복을 받는 길이 끊기게 된다. 두려움이 있는 믿음에는 하나님이 역사하지 않으신다. 그러므로 예수님은 "두려워하지 말고 믿기만 하라"라고 말씀하셨고, 요단 강가에서 장대한 네피림 족이 살고 있는 가나안 땅을 두려움으로 바라보고 있는 여호수아에게 하나님은 "강하고 담대하라 두려워하지 말며 놀라지 말라 네가 어디로 가든지 네 하나님 여호와가 너와 함께하느니라"(수 1:9)라고 말씀하셨다.

두려움 없는 온전한 믿음을 가져야만 하나님이 행하시는 기적의 역사가 일어난다.

하나님의 은혜에 감사 기도를 해야 한다

하나님은 이스라엘 백성은 "너는 무교병의 절기를 지키라 내가 네게 명한 대로 아빕월의 정한 때에 7일 동안 무교병을 먹을지니라 이는 그 달에 네가 애굽에서 나왔음이라 빈손으로 내게 보이지 말지니라"(출 23:15)라고 무교병의 절기를 지키라고 명령하셨다. 이스라엘 백성이 출애굽해 자유의 몸이 된 것을 기념하는 절기가 바로 유월절이다.

태양력의 3, 4월에 해당하는 달을 하나님이 유대인의 엑소더스(탈출)를 기념하기 위해 유대인의 정월인 아빕월로 정하셨다. 이 아빕월에 행하는 무교절에 하나님께 나아오는 모든 유대인들은 빈손으로 나아오지 말고 애굽에서 탈출하게 하신 하나님께 감사하는 예물을 가지고 오라는 출애굽기 말씀에 따라, 신약시대 성도들은 죄로 인한 죽음에서 살려 주심에 감사하는 마음으로 하나님께 감사의 예물을 드려야 한다.

감사는 예배의 출발점이다. 감사가 없는 사람은 광야에서 하나님이 낮에는 구름기둥으로 지키시고, 밤에는 불기둥으로 지키시며, 아침에는 만나를 주시고, 저녁에는 메추라기를 주시며, 40년 동안 옷과 신발이 해어지지 않는 기적으로 인도하셨지만 감사하지 아니하고 날마다 하나님을 원망하다가 광야에서 죽은 이스라엘 백성과 같은 사람이다.

신앙의 모형도인 성막에서 성막 문에 들어서서 제일 먼저 만나는 것이 바로 번제단이다. 이 번제단은 구약시대에 죄를 회개하는 번제물을 드리는 제단이기도 하지만, 하나님께 감사의 제물을 바치는 제단이기도 하다.

감사를 뜻하는 히브리어 '야다'는 '고백하다'라는 의미를 가졌다. 이 '야다'가 '찬양하다' 또는 '감사하다'는 의미로 쓰일 때는 하나님의 신실함에 대한 믿음을 나타낸다. 그래서 '감사하다'라는 단어에는 하나님이 내게 베푸신 은혜에 대해 감사하다는 것뿐만 아니라, '내 믿음의 기도에 응답해 주시옵소서'라는 의미가 담겨 있다.

그래서 빌립보서에서 바울은 "너희 구할 것을 감사함으로 하나님께 아뢰라"(빌 4:6)라고 말했다. 또 시편 기자는 하나님께 감사의 제사를 드리고, 하나님께 서원한 것을 갚고 하나님께 기도할 때 하나님이 그를 영화롭게 하신다고 말했다(시 50:14~15).

모압과 암몬과 마온 사람들이 유다를 치러 왔을 때 여호사밧 왕이 금식을 선포하고 유다 모든 아이들까지 하나님 앞에 서서 기도할 때에 하나님이 아하시엘이란 사람에게 그분의 영을 주시어 예언하게 하셨다. 하나님은 아하시엘을 통해 "이 전쟁에는 너희가 싸울 것이 없나니 대열을 이루고 서서 너희와 함께한 여호와가 구원하는 것을 보라 유다와 예루살렘아 너희는 두려워하지 말라 놀라지 말고 내일 그들을 맞서 나가라 여호와가 너희와 함께하리라"(대하 20:17)라고 말씀하셨다.

이 응답을 받은 여호사밧 왕은 백성과 더불어 의논하고 노래하는 자들을 택하여 거룩한 예복을 입히고 군대 앞에 행진하며 여호와를 찬송하여 이르기를 여호와께 감사하세 그의 인자

하심이 영원하도다 하게 했더니, 그 노래와 찬송이 시작될 때 여호와께서 복병을 두어 유다를 치러 온 암몬 자손과 모압과 세일 산 주민들을 치게 하시므로 그들이 패하였다(대하 20:21~22).

모압과 암몬과 마온 사람들이 지금 유다에 쳐들어 와 온 백성이 다 두려워하며 떨고 있는데 하나님께 감사할 일이 무엇이 있겠는가? 그러나 여호사밧 왕은 군대를 무장시키는 것이 아니라 노래하는 사람들을 군대 앞에 세우고 그들로 하여금 "여호와께 감사하세 그의 인자하심이 영원하도다"라고 하나님께 감사 찬송을 하게 했다. 그랬더니 이 찬송을 들으신 하나님이 복병을 두었다가 유다를 치러 온 모압과 암몬과 마온 사람들을 치게 하심으로, 유다는 무기를 사용하지 않고 쳐들어 온 적들을 물리치고 전쟁에서 승리했다.

이와 같이 감사의 기도는 하나님의 마음을 감동시킬 뿐만 아니라, 하나님의 은혜를 더 받게 하는 원동력이 된다. 그래서 바울은 "이는 모든 것이 너희를 위함이니 많은 사람의 감사로 말미암아 은혜가 더하여 넘쳐서 하나님께 영광을 돌리게 함이라"(고후 4:15)라고 말했다.

그러므로 하나님께 감사의 마음의 표시인 감사의 예물 없는 믿음은 죄에서 구원하신 하나님의 사랑에 감사하지 않는 알맹이가 없는 껍데기 신앙이다.

2. 기도의 방법

"예수께서 나가사 습관을 따라 감람 산에 가시매 제자들도 따라갔더
니 그곳에 이르러 그들에게 이르시되 유혹에 빠지지 않게 기도하라"

(눅 22:39~40).

세상의 모든 종교인들은 자기가 믿는 신에게 기도를 한다.
그런데 기도 응답을 받는 종교는 오직 기독교뿐이다.

그 이유는 하나님은 살아 계시어 어제나 오늘이나 영원히
동일하게 역사하시기(히 13:8) 때문이다. 그리스도인들 중에는 예
수를 믿으면서도 기독교의 참맛을 모른 채 믿음생활을 하는 사
람들이 많이 있다. 기독교의 진미는 성도가 하는 기도에 하나
님이 응답하시는 것에 있다. 하나님은 성도들에게 기도에 응답
하시는 은혜를 주셨다.

그렇다면 그리스도인들이 믿는 하나님은 어떤 하나님이신
가? 성도들은 보통 우주 만물을 창조하신 하나님으로만 알고

있다. 그리스도인들이 믿는 하나님은 태초에 우주 만물을 창조하시고 지금은 쉬고 계시는 하나님이 아니다. 그분은 "여호와는 죽이기도 하시고 살리기도 하시며 스올에 내리기도 하시고 거기서 올리기도 하시는도다 여호와는 가난하게도 하시고 부하게도 하시며 낮추기도 하시고 높이기도 하시는"(삼상 2:6~7) 하나님이다. 즉 그리스도인들이 믿는 하나님은 어제나 오늘이나 영원히 동일하게 역사하시는 '엘 샤다이'(전능하신 하나님) 하나님이다. 바로 엘 샤다이 하나님께 드리는 기도가 믿음이라는 케이블 선을 통해 하나님께 도달하게 된다. 믿음의 케이블 선이 없는 기도는 허공을 울리는 소리일 뿐 하나님께로부터 아무 기도 응답을 받지 못한다.

기독교의 기도에는 전제 조건이 있는데, 하나님과 연결시켜 주는 믿음이라는 케이블이 있어야 한다. 하나님은 믿음이 있는 기도를 기쁘시게 여기시고 응답해 주신다. 그러면 이런 믿음의 기도는 어떻게 하는 기도일까?

시간을 정해 놓고 기도하라

초대 교회 사도들과 성도들은 유대교의 관습을 따라 기도 시간을 정해 놓고 기도했다. "제 구시 기도 시간에 베드로와 요한이 성전에 올라갈새"(행 3:1)라는 말씀과 "가이사랴에 고넬료라 하는 사람이 있으니 이달리야 부대라 하는 군대의 백부장이라 그가 경건하여 온 집안과 더불어 하나님을 경외하며 백성을 많이 구제하고 하나님께 항상 기도하더니 하루는 제 구 시쯤 되어 환상 중에 밝히 보매 하나님의 사자가 들어와 이르되 고넬료야 하니 고넬료가 주목하여 보고 두려워 이르되 주여 무슨 일이니이까 천사가 이르되 네 기도와 구제가 하나님 앞에 상달되어 기억하신 바가 되었으니"(행 10:1~4)라는 말씀에는 '제 구시 기도 시간'이란 기도 시간이 언급돼 있다.

유대교에서 정해진 기도 시간은, 아침 제사와 관련된 새벽 기도 시간과 저녁 제사와 관련된 제9시(우리 시간으로 오후 3시)와 황혼 무렵 이 기도 시간이다. 그 당시 특히 예루살렘에 거주했던 유대계 그리스도인들은 이스라엘의 남은 자들로, 또 메시아의 종말론적 공동체 일원으로, 이스라엘 예배에 대한 관습과 규례들을 기독교 예배의 토대로 삼았음을 이 구절들을 통해 알 수 있다. 다시 말해 초대 교회 사도들과 성도들은 아침 저녁에 시간을 정해 놓고 기도했다. 성도들이 기도 시간을 정해 놓지 않고 기도하면 기도를 하다 말다 하는 경향이 생긴다. 그러나 시간을 정해 놓고 기도를 하면 처음에는 익숙하지 않아 힘들지만, 그것이 습관화되면 오히려 기도 시간에 기도하지 않는 것이 이상하게 느껴진다.

나는 매일 새벽 4시 반부터 5시 반까지 기도 시간으로 정해 놓고 기도한다. 아내는 매일 새벽 2시부터 4시 반까지 기도한다. 그리고 우리 부부는 매월 1일부터 21일까지 다니엘 21일 예배를 드린다. 오랫동안 이런 생활을 하다 보니 기도를 하지 않거나 예배를 드리지 않는 게 오히려 비정상적인 것처럼 느껴진다. "예수께서 나가사 습관을 따라 감람 산에 가시매 제자들도 따라갔더니 그곳에 이르러 그들에게 이르시되 유혹에 빠지지 않게 기도하라 하시고"(눅 22:39~40). '습관을 따라' 기도하신 예수님처럼 그리스도인들은 시간을 정해 놓고 기도를 해야 한다.

마귀는 기도를 제일 무서워한다. 그래서 기도생활이 일단 궤도에 서 있는 성도에게는 덜하지만, 기도생활을 하지 않던 성도가 기도 시간을 정해 놓고 기도하려고 하면 마귀 사탄이 어떤 계략을 써서라도 기도하지 못하도록 방해한다. 갑자기 본인이 아프다든가, 집안 식구가 아프다든가, 아이들이 사고를 낸다든가, 부부끼리 말다툼을 해 기분이 상해 기도할 수 없게 해 첫날 기도를 못하게 방해하는 게 공식이다.

따라서 성도들은 어떤 시험이 오더라도 작정기도 첫 기도를 꼭 해야 마귀를 이겨 승리하는 기도생활을 시작할 수 있다. 이 점을 명심하고 첫 일주일 동안 기도 시간을 잘 지켜 기도하면 기도에 성공할 수 있다.

이렇게 일단 기도 시간을 정해 놓고 기도를 하면 하나님이 성령님을 통해 성도들에게 역사하신다. 기도 시간이 됐는데 성도가 피곤해 일어나지 않고 있으면 꿈속에서든지, 어떤 소리를 통해서든지 잠에서 깨어 기도하도록 역사하신다. 이런 훈련을 통해 기도하는 것이 자연히 몸에 배어 기도가 일상생활의 일부가 돼야 성도다운 삶을 살 수 있게 된다.

하나님은 이렇게 기도하는 사람을 찾으시고, 이런 사람을 사용하셔서 하늘나라를 확장해 가신다.

교회에서 전도사가 목사 안수를 받든지, 안수집사가 장로 안수를 받든지, 집사가 권사 직분을 받든지 할 경우에는 믿음을 성장시키기 위해 반드시 시험이 오게 돼 있다. 대부분의 주의 종이나 성도들은 이런 사실을 모르고 준비 기도를 하지 않은 채 목사 안수를 받거나, 교회 직분을 받은 뒤 그 이후에 오는 시험을 이기지 못해 하나님이 예비하신 축복을 놓치는 경우가 많다. 그러나 직분을 받기 전에 준비 기도를 열심히 한 사람은 직분을 받은 후에 오는 시험을 이기고 하나님이 예비하신 축복을 받아 누리게 된다. "시험을 참는 자는 복이 있나니 이는 시련을 견디어 낸 자가 주께서 자기를 사랑하는 자들에게 약속하신 생명의 면류관을 얻을 것이기 때문이라"(약 1:12).

그러면 기도 시간은 언제가 제일 좋은가? 물론 사람의 환경과 상황에 따라 각자 다를 것이다. 내가 지금까지 경험한 것으로는 새벽 12시부터 새벽 4시까지의 시간이 제일 좋은 기도 시간이다. 그 이유는 그때가 마귀 사탄의 역사가 가장 강한 시간이기 때문이다. 이렇게 마귀 사탄이 강하게 역사하는 시간에 기도를 하면 마귀 사탄이 성도가 기도하지 못하도록 호랑이 소리로 공격하기도 하고, 때로는 여자의 비명소리로 공격하기도 하며, 귀신같은 으스스한 소리와 느낌으로 공격해 기도하지 못하도록 방해한다. 그러나 이런 사탄과 싸워 이기면 하나님께로부터 강력한 기도의 능력을 받는다.

이런 기도의 능력을 받기 위해서는 적어도 수년 동안 매일 1시간 이상 기도를 해야 한다. 20~30분 정도의 기도로는 이런 능력의 기도를 할 수 없다. 그러므로 마귀 사탄을 물리치는 능력을 받기 위해서는 적어도 시간 기도를 해야만 마귀를 물리치는 능력과 영적 분별력을 갖게 된다.

뻔뻔하게 기도하라

"또 이르시되 너희 중에 누가 벗이 있는데 밤중에 그에게 가서 말하기를 벗이여 떡 세 덩이를 내게 꾸어 달라 내 벗이 여행 중에 내게 왔으나 내가 먹일 것이 없노라 하면 그가 안에서 대답하여 이르되 나를 괴롭게 하지 말라 문이 이미 닫혔고 아이들이 나와 함께 침실에 누웠으니 일어나 네게 줄 수가 없노라 하겠느냐 내가 너희에게 말하노니 비록 벗됨으로 인하여서는 일어나서 주지 아니할지라도 그 간청함을 인하여 일어나 그 요구대로 주리라"(눅 11:5~8).

이 말씀에서 8절의 '그 강청함을 인하여'란 무슨 의미일까? '강청함'의 헬라어는 '아나이데이안'(ἀναίδειαν)으로, '부끄러움이 없음'이란 의미다. '그 강청함을 인하여'를 영어 NASB(New American Standard Bible)에서는 'because of his persistence'(끈기, 끈덕짐 때문에)라고 번역했다. NIV(New International Version)에서는 'because of man's boldness'(뱃심, 배짱 때문에)라고 번역했다. 영어성경은 강청함을 '끈덕짐과 배짱'으로 번역한 것이다.

프랑스의 개신교 표준성경 Louis Segond은 'à cause de

son insistance effrontée'(뻔뻔한 강청 때문에)라고 번역했다. 가톨릭 프랑스성경 Le Nouveau Testament에서는 'à cause de son sans-gêne'(뻔뻔함 때문에)라고 번역했다. 문맥을 통해 볼 때 영어성경의 '끈덕짐과 배짱 때문에'라는 번역보다는 프랑스어성경의 '뻔뻔함 때문에'라는 번역이 헬라어 의미에 더 가깝다고 본다. 그러면 이 '뻔뻔함'은 무슨 의미일까? 이스라엘 백성이 출애굽해 가나안 땅 앞에 도착했을 때, 하나님은 죄악의 환경으로부터 이스라엘 백성을 완전히 분리시켜 그들로 하여금 가나안 7족속의 타락한 길로 가지 않고, 영원히 여호와 하나님만을 섬기는 믿음을 갖게 하기 위해 가나안 땅에 살고 있는 7족속을 진멸하라고 명령하셨다.

"네 하나님 여호와께서 너를 인도하사 네가 가서 얻을 땅으로 들이시고 네 앞에서 여러 민족 헷 족속과 기르가스 족속과 아모리 족속과 가나안 족속과 브리스 족속과 히위 족속과 여부스 족속 곧 너보다 많고 힘이 있는 일곱 족속을 쫓아내실 때에 네 하나님 여호와께서 그들을 네게 붙여 너로 치게 하시리니 그때에 너는 그들을 진멸할 것이라 그들과 무슨 언약도 말 것이요 그들을 불쌍히 여기지도 말라"(신 7:1~2).

가나안 땅에 살고 있는 7족속이 무엇이기에 하나님은 잔인하게 그들을 진멸하라고 하셨을까? 그 7족속은 무엇을 의미할까? '가나안 땅'은 상징적으로 믿음의 밭인 우리의 '마음'을 의미한다. 예수를 믿기 전 우리 마음은 가나안 땅에 거주하던 7족속과 같은 의심, 거짓말, 탐욕, 미워함, 혈기, 음행, 교만 등의 지배를 받았다. 곧 7족속은 육신의 쓴 뿌리를 의미한다.

예수를 믿고 거듭난 삶을 살기 위해서는 반드시 이 악성 종양과 같은 육신의 쓴 뿌리를 하나님이 뽑아 주시는 것이 아니라, 우리 스스로 뽑아내야 한다는 것이다. 그 이유는 마귀 사탄이 육신의 쓴 뿌리를 이용해 우리를 공격해 믿음을 빼앗아 가기 때문이다. 바로 이 육신의 쓴 뿌리가 우리 눈의 가시가 되고, 옆구리의 올무가 되기 때문에 이것들을 뽑아 내지 않고는 올바른 신앙생활을 할 수 없다.

그래서 하나님은 이스라엘 백성에게 가나안 땅에 들어가면 그 땅에 살고 있던 7족속을 불쌍히 여기지 말고 진멸하라고 명령하신 것이다. 하나님은 "너희가 만일 그 땅 거민을 너희 앞에서 몰아내지 아니하면 너희의 남겨 둔 자가 너희의 눈에 가시와 너희의 옆구리에 찌르는 것이 되어 너희 거하는 땅에서 너희를 괴롭게 할 것이라"(민 33:55)라고 경고까지 하셨다.

우리 마음을 사로잡고 있는 육신의 쓴 뿌리인 의심, 거짓말, 탐욕, 미워함, 혈기, 음행, 교만 등을 뽑아 버린 사람은 "그런즉 누구든지 그리스도 안에 있으면 새로운 피조물이라 이전 것은 지나갔으니 보라 새것이 되었도다"(고후 5:17)라고 말할 수 있는 그리스도인이 된다. 그러나 세상에는 수십 년 예수를 믿어도 새사람이 되지 못한 그리스도인이 많이 있다.

이 악의 쓴 뿌리를 제거하지 못한 사람은 이 악의 쓴 뿌리가 그의 눈의 가시가 되고 옆구리에 올무가 돼 결국 그는 믿음을 지키지 못하고 자주 넘어지게 된다. 그러나 이 가시와 올무 때문에 넘어질지라도 실망하지 말고, 거짓말을 했어도 하나님 앞에 나아가 뻔뻔하게 기도해야 한다. 십일조와 감사 예물을 도둑질했어도 하나님 앞으로 나아가 뻔뻔하게 기도해야 한다. 부부간에 심한 싸움을 했어도 하나님 앞으로 나아가 뻔뻔하게 기도하는 게 '강청함'의 의미다.

사람은 누구나 육신의 쓴 뿌리인 못된 성품을 하나쯤 가지고 있다. 그것은 하나님이 못된 성품을 이용해 완전한 그리스도인이 되게 하시려고 주신 성품이라고 보면 정확하다. 하나님은 이 악의 쓴 뿌리를 통해 그 사람에게 축복을 주시기도 하고, 축복을 주지 않으시기도 하신다. "그때에 너희가 그 가운데서 행하여 세상 풍속을 좇고 공중의 권세 잡은 자를 따랐으니 곧 지금 불순종의 아들들 가운데서 역사하는 영이라"(엡 2:2)라는 말씀처럼 옛 성품은 공중 권세를 잡고 있는 불순종의 영을 따라 살던 성품이다. 예수 믿고 옛 성품을 버리면 하나님이 그에게 축복을 주시지만, 예수 믿으면서도 옛 성품을 그대로 가지고 있으면 하나님은 그가 깨닫고 옛 성품을 버릴 때까지 계속해서 옛 성품이 그에게 눈의 가시가 되게 하시고, 옆구리의 올무가 되게 하는 시련을 주신다.

그렇다면 하나님은 왜 이런 시련을 주실까? 하나님은 하늘나라 백성이 완전한 성도가 되기 원하시기 때문에, 성도들이 흠 없는 완전한 성도가 되도록 연단이라는 고통의 통로를 통과하게 하신다. 이 연단의 통로를 통과하면서 육신의 쓴 뿌리를 제거한 사람에게는 예비하신 축복을 주시지만, 연단의 통로를 통과하고서도 여전히 옛 성품을 버리지 못하는 사람에게는 그 쓴 뿌리를 버릴 때까지 축복을 주지 않으신다.

다시 말해, 우리 눈의 가시가 되고 옆구리의 올무가 되는 육신의 쓴 뿌리를 본인이 뽑아야 하나님의 축복을 받는다는 것이다. 그렇게 될 때 하나님께로부터 완전한 성도로 인정받는다.

아브라함이 본토 친척 아버지 집을 떠나 하나님이 지시할 땅으로 가면 그로 큰 민족을 이루고 그에게 복을 주어 그의 이름을 창대케 하시겠다는 하나님의 명령에 순종해 고향을 떠난 지 24년이 되던 해인 99세 때에 하나님이 아브라함에게 나타나시어 "나는 전능한 하나님이라 너는 내 앞에서 행하여 완전하라"(창 17:1)라고 책망하셨다.

믿음의 조상인 아브라함도 하나님이 약속하신 아들을 주지 않으시자, 약속을 기다리지 못하고 85세에 여종 하갈에게서 아들 이스마엘을 낳았다. 하나님은 이스마엘 문제로 아브라함에게 책망하셨다. "왜 여호와 하나님 내게 묻지 아니하고 네 마음대로 하갈에게서 아들 이스마엘을 낳았느냐?"라고 책망하시면서 "너는 내 앞에서 행하여 완전하라"라고 말씀하셨다.

성도들이 어떤 일을 할 때 반드시 먼저 하나님께 기도하고 하나님의 응답을 받고 행해야 한다. 그런데 마치 자기의 생각이 하나님의 응답인 양 믿고 행하기 때문에 실패하는 경우가 많다. 이렇게 행해 넘어지고 쓰러질지라도 실망하지 않고, 하나님 앞으로 나아가 하나님께 뻔뻔하게 기도하면 하나님은 어떤 경우에도 성도들의 기도에 응답해 주신다.

그런데 여기에 문제가 있다. 기도를 습관적으로 하는 성도는 넘어져도 기도를 하는데, 기도를 전혀 하지 않는 성도들은 자신이 왜 넘어졌는지조차 알지 못한다.

성도들은 하나님이 주시는 교훈을 꼭 기억해야 한다. 하나님은 이스라엘 백성이 가나안 땅에 들어가기 전에 그들에게 가나안 7족속을 진멸하고 그들과 어떤 언약도 하지 말며 그들과 통혼(通婚)하지 말라고 말씀하셨다. 그러나 이스라엘은 가나안 7족속을 완전히 진멸하지도 않았고 그들과 언약을 맺으며 통혼함으로써, 이스라엘 백성은 가나안 땅의 7족속이 섬기던 이방 신들을 섬겨 하나님께로부터 징계를 받았다.

이렇게 이스라엘 백성들이 이방 신을 섬겨 하나님께 징계를 받을 때마다 그들은 하나님께 회개했다. 그러나 그들은 다시 이방 신을 섬기는 악순환을 거듭했음을 사사기에서 볼 수 있다. 사사기가 성도들에게 교훈하는 것은 성도들이 믿음에서 넘어질지라도 실망하지 말고 "여호와께 감사하라 그는 선하시며 그 인자하심이 영원하신"(시 136:1) 하나님께 **뻔뻔하게** 부르짖으면 인자하심이 영원하신 하나님이 용서하신다는 것이다.

이와 같이 우리가 하나님 앞에서 육신의 쓴 뿌리를 뽑지 못하고 쓰러질 때마다 하나님께 부르짖으면 하나님은 우리의 기도를 들으시고 응답해 주신다. 그러나 우리에게는 축복 대신 죄의 보응이 있다.

부르짖어 기도하라

하나님은 예레미야에게 "너는 내게 부르짖으라 내가 네게 응답하겠고 네가 알지 못하는 크고 은밀한 일을 네게 보이리라"(렘 33:3)라고 말씀하셨다.

'부르짖다'는 무슨 의미인가? 영어성경은 '부르짖다'를 단순히 '큰 소리로 부르다'라는 의미의 'Call me'로 번역했고, 프랑스어성경은 '하나님께 간청하다'라는 의미의 'Invoque-moi'라고 번역했다. 그러나 원문인 히브리어에는 '절규하다'는 의미의 '카라' 동사가 쓰였다. 따라서 원문대로 번역하면 '너는 내게 절규하라'라는 뜻이 된다.

그러면 '절규하는 기도'는 어떤 기도인가? '절규하는 기도'는 '힘을 다해 통곡하며 부르짖는 기도'를 의미한다.

사무엘상 1장에는 한나가 아들이 없어 그 괴로운 심정을 하나님께 절규하는 기도가 있다. "한나가 마음이 괴로워서 여호와께 기도하고 통곡하며"(삼상 1:10)라는 말씀에서 한나가 아들이 없어서 하나님께 아들을 달라고 간구하는 통곡의 기도가 바로 '카라'인 '절규의 기도'다.

우리가 일상생활에서 어떤 심각한 문제를 갖고 하나님 앞에 나아가 기도할 때 점잖게 조용히 기도할 수 있을까? 이때 우리는 힘을 다하고 마음을 다하고 목청을 높여 하나님께 부르짖어 기도하게 된다. '눈물을 흘리고 통곡하며 간절하게 하나님께 호소하는 기도'가 바로 '부르짖는 기도'다. 우리는 평상시에는 소곤소곤 기도한다. 그러나 어떤 심각한 문제가 생기면 평상시처럼 소곤소곤 기도할 수가 없다. 이때에는 큰 소리로 하나님께 부르짖어 기도한다.

그렇다면 하나님은 작은 소리로 하는 기도는 듣지 않으시고, 큰 소리로 부르짖는 기도만 들으시는가? 절대로 그렇지 않다. 큰 소리로 부르짖는다는 것은 절박한 사정을 하나님께 아뢰는 방법이다. 그러므로 하나님께 "부르짖어 기도하라"라는 말씀은 어떤 절박한 사정이 있을 때 하나님께 간절하게 호소하는 기도인 '부르짖는 기도'를 하라고 말씀하신 것이다.

하나님이 "부르짖어 기도하라"라고 말씀하신 후 "내가 네게 응답하겠고 네가 알지 못하는 크고 은밀한 것을 내게 보이리라"라고 말씀하셨다. 이 말씀은 부르짖어 기도하면 하나님이 반드시 응답을 주실 뿐만 아니라, 본인만이 볼 수 있고 알 수 있는 하나님의 은밀한 세계를 보여 주시겠다는 의미다. 나와 아내는 수십 년 동안 기도생활을 하면서 이 같은 하나님의 은밀한 세계를 체험한 것이 한두 번이 아니다. 이렇게 하나님의 은밀한 세계를 기도를 통해 알게 된 사람은 하늘의 은밀한 세계를 알려고 더욱더 기도하게 된다.

부르짖는 기도의 모델이 신약성경에도 있다. 하루는 예수님이 여리고 성에 왔을 때 길에 앉아서 구걸하며 사는 맹인 바디매오가 나사렛 예수님이 자기 앞을 지나간다는 소리를 듣고 이때를 놓치면 영원히 눈을 뜰 기회가 없다고 믿어 "소리를 질러 다윗의 자손 예수여 나를 불쌍히 여기소서"(막 10:47)라고 큰 소리로 부르짖었다.

영적으로 앞을 볼 수 없던 바리새인들과 서기관들과 율법사들은 예수님을 나사렛 목수의 아들로만 알고 있었는데, 육적으로 보지 못한 바디매오는 나사렛 예수가 기도하면 악귀가 떠나가고 벙어리가 말을 하고 중풍병자가 낫는다는 소문을 듣고 다윗의 자손 예수님의 능력을 믿게 됐다.

그런데 그 예수님이 바로 지금 자기 앞을 지나가고 있다는 것을 알고 "소리를 질러 다윗의 자손 예수여 나를 불쌍히 여기소서"라고 큰 소리로 부르짖었다. 주위에 있던 많은 사람들이 바디매오를 꾸짖으며 잠잠하라고 했지만, 바디매오는 아랑곳하지 않고 더욱 큰 소리로 "다윗의 자손이여 나를 불쌍히 여기소서"라고 부르짖었다.

예수님이 걸음을 멈추고 제자들에게 바디매오를 데려오라고 명하시어 바디매오의 눈을 뜨게 해 주셨다. 성도들도 어떤 어려운 문제를 만났을 때 바디매오와 같이 하나님께 부르짖는 기도를 하면, 바디매오가 눈을 뜨게 된 것처럼 우리의 문제도 해결될 줄 믿어야 한다.

금식기도도 일종의 부르짖는 기도다. 금식기도는 '기도의 제목을 해결해 주시지 않으면 저는 이대로 굶어 죽습니다'라는 절규보다 더 강력한 호소력이 있는 생명을 내 놓는 기도다. 어린아이가 부모에게 어떤 것을 요구할 때 부모가 허락하지 않으면, 밥을 먹지 않고, 떼를 쓰는 것처럼 금식기도는 '하나님이 응답을 주지 않으시면 저는 이대로 굶어 죽습니다'라고 강력하게 호소하는 기도로, 하나님께 부르짖는 기도의 일종이다.

"내가 기뻐하는 금식은 흉악의 결박을 풀어 주며 멍에의 줄을 끌러 주며 압제당하는 자를 자유케 하며 모든 멍에를 꺾는 것이 아니겠느냐"(사 58:6)라는 말씀은 금식기도를 하면 사탄에 의해 죄로 묶여 있던 결박을 풀어 주시고 사탄에게 압제당하는 자들을 속히 자유하게 하시겠다는 말씀이다. 그러므로 금식기도는 가장 강력한 기도다.

성경에는 금식기도를 한 예가 여러 곳에 있다. 모세는 40주야를 금식기도한 후 하나님께로부터 십계명을 받았고(출 34:28), 엘리야는 이세벨을 피해 도망가면서 40주야를 금식하며 걸어서 호렙산에 도착했다(왕상 19:8). 예수님도 광야에서 금식기도(마 4:2)를 하신 후 공생애를 시작하셨다. 바울도 주님을 만난 후 3일을 금식하고 사역을 시작했다(행 9:9~22).

오늘날의 금식기도는 육을 죽이고 병든 영을 소생시키고 영적인 능력을 받는 훈련을 하는 기도다. 금식기도는 그 어떤 기도보다도 응답을 빨리 받는 기도이기 때문에 해결하기 어려운 문제에 직면했을 때 효과적인 기도이다.

나는 학교에서 근무했기 때문에 평상시에는 금식기도를 하지 못하고, 여름방학이 되면 3일 동안 금식기도를 하고, 겨울방학 중에는 1주일 동안 금식기도를 했다. 1년에 두 번씩 금식기도를 한 것이다. 금식기도를 하면 영이 맑아진다. 밑바닥으로 내려갔던 믿음이 금식기도로 다시 소생하게 된다. 뿐만 아니라 금식기도는 피를 맑게 하고 피부가 젊어진다. 그래서 금식기도는 영육 간에 유익하다.

마귀의 공격을 물리치는 기도를 하라

"예수께서 성령의 충만함을 입어 요단 강에서 돌아 오사 광야에서 사십일 동안 성령에 이끌리시며 마귀에게 시험을 받으시더라…"(눅 4:1~2)는 말씀에서 '성령의 충만함을 받아'란 말씀은 성령이 역사하심을 나타내는 말씀이고, '마귀에게 시험을 받으시더라'라는 사탄의 역사를 나타내는 말씀이다.

두 말씀에서와 같이 성령이 역사하면 마귀 사탄도 함께 역사한다. 우리는 기도할 때 성령의 인도함을 받는다. 그런데 이때 마귀 사탄도 함께 역사한다. 마귀 사탄은 기도를 가장 두려워하고 싫어하기 때문에 기도할 때에 마귀 사탄이 가장 공격을 많이 하므로 정신을 바짝 차리고 기도해야 한다.

특히 마귀 사탄은 천사로 가장해 환상으로 나타나거나 음성으로 '사랑하는 아무개야'라고 부르면서 오기 때문에 성도들뿐만 아니라 주의 종들까지도 하나님의 음성인 줄 알고 마귀 사탄을 받아들여 고통당하는 경우가 종종 있다. 이렇게 환상을 보거나 음성을 들을 때에는 "나사렛 예수 이름으로(또는 십자가의 피로) 명하노니 마귀 사탄아 물러가라!"라는 명령적 기도로 세 번 이상 물리쳐야 한다. 그래도 환상이 계속 보이거나 음성이 계속 들리면 이것은 하나님의 음성이요, 하나님이 보여 주시는 환상으로 알아야 한다. 하나님은 "내가 너희에게 뱀과 전갈을 밟으며 원수의 모든 능력을 제어할 권능을 주었으니 너희를 해할 자가 결코 없으리라"(눅 10:19)라고 하셨다. 이 말씀을 가지고 마귀 사탄을 대적(약 4:7)하면 마귀 사탄이 물러간다.

"마귀가 모든 시험을 다 한 후에 얼마 동안 떠나니라"(눅 4:13)에서 마귀 사탄이 '얼마 동안 떠나니라'는 무슨 의미인가?

'얼마 동안'의 헬라어는 '아크리 카이루'(ἄχρι χαίρου)인데 '아크리'는 '~까지, 동안'이란 의미의 단어와 '적합한 시기'란 의미의 단어와 합성어로, '좋은 기회가 돌아올 때까지'란 의미다.

이 '얼마 동안'을 영어성경 KJV에서는 'for a season' 즉 '한 동안'으로 번역했고, NIV에서는 'until an opportune time' 즉 '적당한 때까지'로 번역했다. 프랑스어성경 Louis Segond에서는 'jusqu'à un moment favorable' 즉 '유리한 때까지'로 번역했고, Le Nouveau Testament에서는 'jusqu'au temps fixé' 즉 '정해진 시간까지'로 번역했다.

이 구절은 한국어성경의 '얼마 동안'이란 번역보다 영어성경 NIV의 '적당한 때까지'와 프랑스어성경 Louis Segond의 '유리한 때까지'의 번역이 원어에 가깝다고 생각된다.

이 말씀은 마귀 사탄이 성도들을 시험하다가 성도들의 기도 때문에 성도들을 이기지 못하고 떠나면 성도들이 "아! 이겼다. 마귀 사탄을 이겼다"라고 안심하며 기도의 끈을 느슨하게 풀어 마귀가 다시 오는 때라는 의미다. 즉 마귀의 시험은 단 한 번에 끝나는 것이 아니라, 기회가 있을 때마다, 성도가 넘어질 때까지 계속 공격한다는 것을 암시하는 말씀이다.

"육신을 따르는 자는 육신의 일을, 영을 따르는 자는 영의 일을 생각한다"(롬 8:5)라는 말씀과 같이 육신의 일을 좋아하는 사람은 '오늘은 놀러갈 곳이 없나', '낚시하러 가자고 하는 친구가 없나', '화투 치자고 하는 친구가 없나', '영화 보러 가자고 하는 친구가 없나', '어디 투기할 곳이 없나' 등을 생각하는 사람이다. 이렇게 육신의 일을 생각하는 사람은 교회 출석은 하지만 하나님의 백성이 아닌 사탄의 친구다. "육신의 생각은 하나님과 원수가 되나니 이는 하나님의 법에 굴복하지 아니할 뿐 아니라 할 수도 없음이라"(롬 8:7).

육신의 생각에 사로잡힌 사람은 마귀 사탄에게 사로잡힌 사람이다. 마귀 사탄은 생각을 통해 사람을 조종하기 때문에 세상적인 생각을 하는 사람은 마귀 사탄이 세상에 대한 생각을 통해 그를 조종한다. 그러므로 이 사람은 하나님과 원수며 하나님의 말씀에 순종하지 않는 사람이다.

만일 이렇게 육신의 생각에 사로잡혀 있는 사람이 '예수의 이름으로 명하노니 마귀 사탄아 물러가라!'라고 하면 어떻게 될까? 바울 사도가 고린도에서 전도 중 많은 이적과 기사를 행하는 것을 보고 마술을 하는 어떤 유대인들이 시험 삼아 악귀 들린 자들에게 "주 예수 이름을 불러 말하기를 내가 바울이 전파하는 예수를 의지하여 너희에게 명하노라!"라고 했다.

제사장 스게와의 일곱 아들도 이렇게 행하자 "악귀가 대답하여 이르되 내가 예수도 알고 바울도 알거니와 너희는 누구냐 하며 악귀 들린 사람이 그들에게 뛰어올라 눌러 이기니 그들이 상하여 벗은 몸으로 도망하는지라"(행 19:11~16)라는 이야기가 있다. 기도하지 않는 사람은 절대로 마귀 사탄을 이길 수 없다.

성경은 "기도 외에 다른 것으로는 이런 종류가 나갈 수 없다"(막 9:29)라고 말씀한다.

"이에 마귀는 예수를 떠나고 천사들이 나와서 수종드니라" (마 4:11)라는 말씀에서 '천사들이 나와서 수종든다'는 무슨 의미일까? 성경은 하나님의 영인 성령이 함께하는 성령의 사람과 마귀 사탄과 함께하는 악령의 사람이 있다고 말한다. "여호와의 영이 사울에게서 떠나고 여호와께서 부리시는 악령이 그를 번뇌케 했다"(삼상 16:14)라는 말씀을 보면 사울 왕이 하나님 말씀에 순종하지 아니하므로 사울 왕과 함께 행하던 성령이 떠나고 대신 하나님이 부리시는 악령이 사울 왕에게 임했다.

이같이 하나님의 백성이 하나님의 말씀에 순종하는 삶을 살지 않으면, 성령님이 떠나고 마귀 사탄이 함께하는 마귀의 사람이 된다. 악령이 있는 한 절대로 하나님의 역사하심도, 기도 응답도, 삶의 형통도, 축복도 없다. 마귀 사탄이 성령의 역사하심을 가로막기 때문이다.

수십 년 동안 예수를 믿으면 하나님의 축복을 받아야 당연한데 아직까지도 하나님의 축복을 받지 못했다면, 그와 그의 가정을 가로막고 있는 마귀 사탄을 물리치지 못했기 때문이다.

그러므로 하나님의 축복을 받기 위해서는 반드시 마귀 사탄을 물리쳐야 한다. 하나님은 하나님과 성도 사이를 가로막고 있는 마귀 사탄이 떠나야 하나님의 영이 역사하므로 구원받은 상속자들을 위해 천사들을 보내 주신다(히 1:14).

3. 기도의 응답

"예수께서 그들에게 항상 기도하고 낙심하지 말아야 할 것을 비유로 말씀하여 이르시되 어떤 도시에 하나님을 두려워하지 않고 사람을 무시하는 한 재판장이 있는데 그 도시에 한 과부가 있어 자주 그에게 가서 내 원수에 대한 나의 원한을 풀어 주소서 하되 그가 얼마 동안 듣지 아니하다가 후에 속으로 생각하되 내가 하나님을 두려워하지 않고 사람을 무시하나 이 과부가 나를 번거롭게 하니 내가 그 원한을 풀어 주리라 그렇지 않으면 늘 와서 나를 괴롭게 하리라 하였느니라 주께서 또 이르시되 불의한 재판장이 말한 것을 들으라 하물며 하나님께서 그 밤낮 부르짖는 택하신 자들의 원한을 풀어 주지 아니하시겠느냐 그들에게 오래 참으시겠느냐 내가 너희에게 이르노니 속히 그 원한을 풀어 주시리라 그러나 인자가 올 때에 세상에서 믿음을 보겠느냐 하시니라"(눅 18:1~8).

하나님은 하늘나라 백성에게 하나님과의 대화의 채널인 기도라는 선물을 주시고, 하나님께 기도하기 원하신다. 하나님은 누가복음 18장 1절에서 "항상 기도하고 낙심하지 말아야 할 것"이라고 말씀하셨다.

오랫동안 기도했는데도 불구하고 하나님의 응답이 없으면, 낙심해 기도하기를 그만두고 하나님을 원망하기 쉽다. 그러나 이런 행위는 하나님의 섭리와 경륜을 이해하지 못한 그릇된 생각에서 나온 것이다.

온전한 믿음과 말씀의 생활화되어야 한다

하나님은 우리의 기도에 반드시 응답하시되 하나님의 최상의 때에 최상의 방법으로 응답하신다(시 50:15 ; 눅 11:9~13). 그래서 하나님은 "항상 기도하고 낙심하지 말라"라고 말씀하신 것이다. 따라서 이 같은 사실을 깨닫는 사람은 자신의 기도에 대해 하나님이 응답하시는 섭리의 때인 하나님의 시간, 즉 카이로스를 기다릴 줄 아는 지혜와 인내가 필요하다.

누가복음 18장 4절의 '얼마 동안'은 어떤 의미일까? 이 단어는 기도했음에도 하나님이 바로 응답하지 않으신다는 의미다. 이 '얼마 동안'은 사람에 따라 1년도 될 수 있고, 10년이 될 수도 있고, 20년이 될 수도 있다. 그러면 하나님은 왜 이 '얼마 동안' 응답을 주지 않으실까? 그 이유는 우리가 하나님께 무엇을 요구하는 기도를 하기 전에 먼저 우리가 갖춰야 할 것이 있다는 뜻이다.

첫째, 하나님 안에 거해야 한다.

"너희가 내 안에 거하고 내 말이 너희 안에 거하면 무엇이든지 원하는 대로 구하라 그리하면 이루리라"(요 15:7)라는 말씀에서 "너희가 내 안에 거한다"는 의미는 '우리가 그리스도 안에 거한다'라는 의미다. 바울 신학에서 '그리스도 안에'란 말은 바울 신학의 핵심이다. 이 말은 예수님을 부분적으로 믿는 믿음이 아니고 전인격적으로 믿는 것을 의미한다.

하나님은 "믿음이 없이는 하나님을 기쁘시게 못하나니 하나님께 나아가는 자는 반드시 그가 계신 것과 또한 그가 자기를 찾는 자들에게 상 주시는 이심을 믿는"(히 11:6) 믿음을 가진 자들에게 응답하신다.

둘째, 말씀이 육신이 되는 생활을 해야 한다.

요한복음 15장 7절의 '내 말이 너희 안에 거하면'은 어떤 의미일까? 하나님이 우리에게 명령하신 하나님 말씀에 순종하며 사는 것을 의미한다. "영혼 없는 몸이 죽은 것같이 행함이 없는 믿음은 죽은 것이니라"(약 2:26)라는 말씀처럼 살아 있는 믿음을 갖기 위해서는 "말씀이 육신이 되어 우리 가운데 거하시는"(요 1:14) 삶을 살아야 한다. '말씀이 육신이 되어 우리 가운데 거하시매'의 본래 의미는 하나님이 그분의 아들 예수님을 인간을 구원하실 그리스도로 이 땅에 보내신다는 말씀을 성취하기 위해 하나님의 아들 예수님이 육신의 몸으로 오신 것을 의미한다. 그러나 여기서는 우리가 예수를 구주로 믿는 순간부터 하나님 말씀에 순종하며 사는 삶을 의미한다.

나는 혈기가 많다. 그래서 아내에게 화를 잘 내는 편이다. 한번은 가정예배를 드리기 전에 아내에게 화를 버럭 내고 예배를 드리는데, 하나님이 아내를 통해 하시는 말씀이 "사랑하는 종아, 너의 불같은 성격을 죽여라, 생각대로 행동하지 말라"라고 책망하셨다.

이 '말씀에 순종하는 삶'이 바로 '말씀이 육신이 되어 우리 가운데 거하시는 삶'이다. 이것은 요한복은 15장 7절의 '내 말이 너희 안에 거한다'라는 말씀과 같은 의미다. 즉 기도 응답에는 하나님의 말씀에 순종하며 사는 삶이 전제(前提) 조건이라는 뜻이다. 즉 첫째로 "너희가 내 안에 거하고", 둘째로 "내 말이 너희 안에 거하면"이라는 두 가지가 기도 응답의 조건이다. 이 응답의 조건을 이루기 위해 각 사람에게 필요한 기도 시간은 각각 다르다.

'얼마 동안'을 통해 하나님의 때를 맞추신다

하나님은 '얼마 동안'을 이용하시어 성도들에게 기도 훈련을 시키신다. 요한복음 15장 7절에서는 말씀하시지 않았지만, 성경 다른 곳을 보면 다음과 같은 의미가 있다. '너희가 내 안에 거하고'와 '내 말이 너희 안에 거하면' 이 두 조건을 이루는 시간 속에서 하나님은 우리로 하여금 말세에 기도로 무장시키는 훈련을 하신다.

"만물의 마지막이 가까웠으니 그러므로 너희는 정신을 차리고 근신하여 기도하라"(벧전 4:7). "근신하라 깨어라 너희 대적 마귀가 우는 사자같이 두루 다니며 삼킬 자를 찾나니"(벧전 5:8). 이 두 말씀을 볼 때 하나님이 응답을 주시지 않는 이 '얼마 동안'은 오직 예수 믿음을 갖도록 훈련하시고, 말씀이 육신이 되도록 훈련하시는 시간이다. 하나님은 우리를 대적 마귀 사탄과 싸워 이길 수 있는 십자가 군병이 되도록 영적 훈련의 기도를 시키시면서 하나님의 카이로스(시간)를 맞추고 계신다. 우리는 이 사실을 기억해야 한다.

기도의 분량이 차야 한다

각 사람에게는 각자 해야 할 기도의 분량이 있다. 그 기도의 분량이 차야 하나님께 기도가 올려지게 된다. "그 두루마리를 취하시매 네 생물과 이십사 장로들이 그 어린양 앞에 엎드려 각각 거문고와 향이 가득한 금대접을 가졌으니 이 향은 성도의 기도들이라"(계 5:8)에서 '향이 가득한 금대접'과 '또 다른 천사가 와서 제단 곁에 서서 금향로를 가지고 많은 향을 받았으니 이는 모든 성도의 기도와 합하여 보좌 앞 금제단에 드리고자 함이라 향연이 성도의 기도와 함께 천사의 손으로부터 하나님 앞으로 올라가는지라'(계 8:3~4)에서 '금향로를 가지고 많은 향을 받았으니 이는 모든 성도의 기도와 … 향연이 성도의 기도와 함께 천사의 손으로부터 하나님 앞으로 올라간다'라는 말씀은 우리가 하는 기도가 금향로에 담기는데 기도가 금향로에 가득 담겨야 천사가 이 금향로를 하나님 앞으로 가져가 하나님이 응답하신다는 의미다. 기도를 해도 하나님이 침묵하시고 아무런 응답이 없을 때는 기도를 더 많이 하라는 사인으로 알고 계속해서 기도해야 한다. 기도의 분량이 차서 기도의 금대접에 기도의 향이 가득 차야 천사들에게 들려 이 기도의 금대접이 하나님께 올려지게 된다.

징계의 기간인 복역의 때가 끝나야 한다

죄를 지을 때 하나님이 어떠하신지를 생각해 본 일이 있는가? 하나님은 우리가 죄를 범할 때 "너는 나를 위하여 돈으로 향품을 사지 아니하며 희생의 기름으로 나를 흡족케 아니하고 네 죄 짐으로 나를 수고롭게 하며 네 죄악으로 나를 괴롭게 하였느니라"(사 43:24)라고 말씀하신다.

우리가 죄를 지음으로써 하나님을 수고롭게 하며, 우리의 죄악으로 말미암아 하나님이 괴로우시다는 말씀이다. 그러므로 우리는 죄 때문에 하나님께로부터 징계를 받는 기간이 있다. 그래서 하나님은 우리가 기도를 해도 보응의 기한이 끝나지 않으면 응답을 주지 않으신다. "너희는 예루살렘의 마음에 닿도록 말하며 그것에게 외치라 그 노역의 때가 끝났고 그 죄악의 사함을 받았느니라"(사 40:2)라는 말씀에서 '노역의 때가 끝났고'라는 말씀과 "여호와의 말씀이니라 칠십 년이 끝나면 내가 바벨론의 왕과 그의 나라와 갈대아인의 땅을 그 죄악으로 말미암아 벌하여 영영히 황무케 하되 내가 그 땅을 향하여 선언한 바 곧 예레미야가 모든 민족을 향하여 예언하고 이 책에 기록한 나의 모든 말을 그 땅에 임하게 하리라"(렘 25:12~13)라는 말씀에서 '칠십 년이 끝나면'은 무슨 의미일까? 그것은 죄악으로 인해 이스라엘이 바벨론에 포로로 잡혀간 지 70년이라는 복역의 때가 끝나야 비로소 하나님이 그들을 바벨론에서 본토로 귀환시켜 주실 것을 예언하는 말이다. 그러므로 하나님이 기도 응답을 주시는 때는 첫째로 우리의 믿음이 온전해지고, 둘째로 하나님의 시간인 카이로스가 일치하는 때, 셋째로 우리의 기도의 분량이 차고, 넷째로 노역의 때가 끝날 때다.

40여 년 전에 우리 부부가 삼각산에서 기도할 때에 하나님은 우리 부부에게 앞으로 이루어질 많은 약속을 하시면서 "너희 믿음이 온전히 이루어질 때"라는 조건을 붙이셨다. 그 당시 우리는 이런 하나님의 뜻을 모르고 하나님이 우리에게 약속하셨으니, 곧 그 약속을 이루어 주시리라 믿었다. 그런데 기도를 아무리 해도 하나님이 약속을 이뤄 주지 않으셨다.

우리가 하나님께로 돌아온 지 37년이 되는 해인, 2011년 12월부터 하나님이 기도 중에 "사랑하는 종아, 딸아! 복역의 때가 끝나고 축복의 때가 온다. 너희가 생각하지 못했던 일이 일어나리라"라고 하셨다. 응답이 없다고 하나님보다 성도가 먼저 앞서면 절대로 하나님은 응답을 주지 않으신다. 따라서 응답이 올 때까지 기다려야 한다.

기도 응답은 없고 하나님이 계속해서 기도할 제목들만 주실 때는 하나님이 기도 훈련을 통하여 자신을 사용하시려는 특별한 계획이 있음을 믿고 응답이 있을 때까지 기도해야 한다. "하물며 하나님께서 그 밤낮 부르짖는 택하신 자들의 원한을 풀어 주지 아니하시겠느냐 그들에게 오래 참으시겠느냐?"(눅 18:7)라는 말씀처럼 하나님은 우리의 기도에 응답해 주신다.

아내와 나는 40여 년 동안 수많은 기도 응답을 받았다. 개인 주택을 팔려고 내 놓았는데, 12월이어서 집이 매매가 되지 않자 우리 부부는 매일 집 살 사람을 보내 달라고 기도했다. 12월 초순 어느 날, 아내가 기도를 하는데 하나님이 '내일 집 살 사람이 온다'라고 응답해 주셨다. 그런데 정말 다음 날 집을 살 사람이 와서 집을 팔고 이사를 한 경험이 있다.

나는 과외를 해 갚을 계획으로 은행에서 융자를 받아 살고 있던 집보다 조금 더 큰 집을 사서 이사했는데 과외가 끊겨 당장 매월 은행에 낼 이자가 문제가 됐다. 그래서 하루는 산에 가서 하나님께 은행 빚을 갚도록 과외 팀을 보내 달라고 기도했다. 하나님은 '과외 팀이 없어 너희가 굶었느냐? 옷을 입지 못했느냐?'라고 책망하셔서 부끄러워 더 이상 과외 팀을 보내 달라는 기도를 하지 않고 하산한 일이 있다.

그런데 며칠 후 퇴근길에 버스 정류소에서 예전에 같은 학교에서 근무했던 이모 선생을 만났다. 이 선생은 나를 만나자마자 "권 선생, 요새도 보따리 장사(과외) 해?"라고 물었다. 그래서 나는 "응, 하고 있지"라고 대답했다. 이 선생이 내게 과외 학생을 소개해 며칠 만에 기도 응답을 받은 일이 있다.

또 강북에 최초로 아파트가 세워지고 아파트를 분양하는 날이었다. 아파트를 분양받는데 채권을 써 내야 했다. 나와 아내는 얼마를 써야 할지 몰라 아내와 상의하기를 둘이 각각 따로 가서 하나님께 여쭙자고 했다. 내가 하나님께 기도하는데 50만 원이 환상으로 선명하게 보였다. 아내도 기도하는데 하나님이 음성으로 50만 원이라고 말씀하셨다. 그래서 우리 부부는 50만 원의 채권을 써 냈다. 나중에 알고 보니 채권 커트라인이 50만 원이어서 한 푼도 헛돈으로 더 내지 않고 아파트를 구입할 수 있었다. 하나님은 우리 부부에게 나라와 민족을 위해 기도하는 사명을 주셨다. 그래서 우리 부부는 항상 나라와 민족을 위한 기도부터 시작한다. 그래서 대통령 선거 때마다 나라와 민족을 위해 일하는 분이 당선되도록 기도했다. 하나님은 거의 모든 대통령 선거 때마다 우리 부부에게 누가 당선될지를 응답해 주셨다.

2013년 1월 첫주 목요일부터 매주 목요일 저녁마다 나는 성도들과 함께 선교예배를 드리려고 계획했다. 나는 이 예배에서 '마귀 사탄이 성도들을 공격하는 통로'라는 제목으로 설교하려고 준비해 놓고 매주 목요일마다 이 주제를 가지고 설교했다. 그러나 성도들이 이 선교예배에 관심이 없어 참석하는 성도가 소수에 그쳤다. 그래서 나는 이 선교예배를 10월까지만 하고 접기로 작정하고 하나님께 이 문제를 놓고 기도하기 시작했다.

하나님은 내게 "네가 설교하려고 했던 내용을 책으로 써라"라고 하시면서 "그것을 무료로 성도들에게 배포하라"라고 말씀하셨다. 그래서 설교하려고 준비했던 원고를 책으로 쓰기 시작했다. 그러자 이 원고를 출판할 출판사가 필요했다. 그래서 어느 날 아내와 예배드리기 전에 아내에게 "내가 내일 원고를 가지고 출판사를 찾아가려고 하는데 기도할 때 이 문제를 하나님께 여쭈어 보시오"라고 했다.

나는 A 출판사와 B 출판사를 마음에 두고 있었는데, 아내가 이 문제를 기도하자마자 하나님이 응답하시기를 "가라, 처음이자 마지막이 될 것이다"라고 말씀하셨다. 그래서 나는 집에서 가기에 교통이 편리한 A 출판사를 먼저 찾아가 사장과 자비로 『떠나는 마귀 돕는 천사』를 출판하기로 합의했다. 하나님이 말씀하신 대로 처음이자 마지막으로 책을 출판하게 됐다. 원고가 A 출판사에 들어간 며칠 후 아내가 새벽 2시 기도 시간에 기도할 때 이 원고에 대해 기도도 하지 않았는데 갑자기 40년 전에 추운 겨울 삼각산에서 기도할 때 하나님이 보여 주신 환상이 떠올랐다.

그 당시 하나님이 아내에게 한 환상을 보여 주셨는데 아내가 비행기를 타고 세계를 돌아다니며 전도지를 뿌린 환상이다. 아내가 하나님께 "나는 외국어를 모르고 남편이 외국어를 잘하는데 왜 내가 전도지를 뿌리죠?"라고 말했더니 "네가 하니? 내가 한다"라고 말씀하시는 분이 있어 뒤를 돌아보았더니 예수님이셨다.

그런데 하나님이 아내에게 40년 전에 환상 중에 아내가 뿌렸던 그 전도지가 바로 이 『떠나는 마귀 돕는 천사』라고 말씀하셨다. 2014년 2월에 『떠나는 마귀 돕는 천사』 책이 출판돼 하나님 말씀대로 교인들에게 무료로 배포했다.

그러나 여러 가지로 A 출판사가 내 마음에 들지 않았다. 그래서 나는 이 문제를 놓고 하나님께 기도했다. 그러자 하나님이 내게 "처음이자 마지막이 되리라고 하지 않았느냐?"라고 말씀하셨다. 그래서 나는 이 말씀이 무슨 의미인가를 곰곰이 생각해 보았다. 그리고 나는 그 말씀의 의미를 깨달았다. 『떠나는 마귀 돕는 천사』 책을 A 출판사에서 한 번만 출판하고, 다른 곳에서 출판한다는 의미였던 것이다. 나는 이 책의 개정판을 출판할 다른 출판사를 놓고 하나님께 기도했다. 하나님이 내게 우리 교회 중고등부 지도 교사인 '송민섭 집사를 생각나게 하시면서 송민섭 집사가 있지 않느냐?'라고 하셨다. 그래서 내가 운영하고 있는 시몬선교회 소속으로 〈진리의 빛〉 출판사를 설립하고 출판의 운영을 송민섭 집사에게 맡기게 됐다.

이 『떠나는 마귀 돕는 천사』 책은 하나님의 말씀과 같이 40년이라는 긴 세월을 통해 하나님이 우리 부부를 훈련과 연단을 시키시고 우리를 공격하는 마귀 사탄을 대적하여 물리치도록 체험한 간증을 기록한 책이다. 또 하나님이 아내에게 말씀하시기를 "이『떠나는 마귀 돕는 천사』를 읽고 이 내용을 아멘으로 받아들이고,『떠나는 마귀 돕는 천사』를 평상시나 기도 중에 3회 이상 말하면 실제로 마귀가 떠나고 천사가 도와 승리할 것이다"라고 말씀하셨다. 이 말씀대로 실천하는 성도에게는 개인과 가정과 사업이 잘되고 하나님이 3~4대에 걸친 축복을 주시겠다고 말씀하셨다.

그러므로 영적인 문제로 영육 간의 문제가 풀리지 않는 성도들이 이 책을 읽고 내용을 아멘으로 받아들여 "영혼이 잘됨 같이 범사가 잘 되고 강건한 성도가 되는"(요삼 2) 개인과 가정과 사업체가 되기를 원한다.

이『떠나는 마귀 돕는 천사』가 세계에 전도지로 뿌려지는 책이 되리라고 나는 확신한다. 이 책을 통해 세계의 모든 성도들이 교회에 다니는 교인이 아니라 예수를 믿고 참 그리스도인이 되어 영육 간에 하나님의 축복을 받기를 간절히 바란다.

2013년 늦가을에 하나님이 "사랑하는 종아, 딸아! 참으로 오래 기다렸다. 긴 관문을 통과했다. 너희를 해할 자가 없으리라 하늘의 뜻이 이 땅에 해같이 찬란하게 이루리라"고 말씀하시고, 2014년 1월 초에 "사랑하는 종아! 일어나 빛을 발하라, 광야의 외치는 자의 소리가 되라"라고 말씀하시면서 이『떠나는 마귀 돕는 천사』책을 주셨다.

다윗은 밤낮 부르짖는 기도에 응답을 주지 않으시는 하나님을 향하여 항변하는 기도를 했다. "여호와여 나의 말에 귀를 기울이사 나의 심정을 헤아려 주소서 나의 왕, 나의 하나님이시여 내가 부르짖는 소리를 들으소서 내가 주께 기도하나이다"(시 5:1~2). 하나님께 부르짖었으나 아무 응답을 하시지 아니하므로 또 다윗은 "여호와여 어찌하여 멀리 서시며 어찌하여 환난 때에 숨으시나이까?"(시 10:1)라고 얼굴을 가리우고 숨은 하나님께 응답해 달라고 부르짖었다.

아이들이 숨바꼭질할 때 몸을 숨기는 것처럼 하나님도 우리에게 하나님을 나타내 보이시지 않는 시간은 하나님이 숨어서 우리의 행동을 관찰하시는 시간이다. 하나님이 아무 응답을 주지 않으시고, 하나님 자신을 나타내 보이지도 않으실 때 우리는 더욱더 하나님을 찾고 그분께 나아가야 한다.

아브라함도 처음에는 하나님 말씀에 순종하고 고향과 친척과 아버지 집을 떠났지만, 하나님이 숨고 나타나시지 않자 자기 마음대로 하갈을 첩으로 얻어 이스마엘 아들을 낳았다. 13년이 지났을 때 하나님이 아브라함에게 나타나시어 "너는 내 앞에서 행하여 완전하라"(창 17:1)라고 책망의 말씀을 하셨다.

다윗은 하나님이 숨고 나타나시지 않을 때 아브라함처럼 자기 마음대로 행하지 않고 하나님께 더욱 부르짖는 기도를 했다. "내 하나님이여 내 하나님이여 어찌 나를 버리셨나이까 어찌 나를 멀리 하여 돕지 아니하오며 내 신음 소리를 듣지 아니하시나이까?"(시 22:1)라고 하나님께 채근(採根)하는 기도를 했다. 그래도 하나님이 응답을 주지 아니하므로 다윗은 "여호와여 어느 때까지이니까? 나를 영원히 잊으시나이까? 주의 얼굴을 나에게서 어느 때까지 숨기시겠나이까? 나의 영혼이 번민하고 종일토록 마음에 근심하기를 어느 때까지 하오며 내 원수가 나를 치며 자랑하기를 어느 때까지 하리이까?"(시 13:1~2)라고 실망과 좌절과 고통의 기도를 올렸다. 다윗은 이렇게 하나님께서 응답하시지 않는 기도를 수없이 하나님께 드렸다.

그러나 하나님의 때가 되자 하나님이 다윗에게 응답을 하시므로 다윗은 기쁨과 소망의 기도로 하나님을 찬양하는 기도를 했다. "내가 여호와를 기다리고 기다렸더니 귀를 기울이사 나의 부르짖음을 들으셨도다"(시 40:1). 오랫동안 하나님을 기다렸더니 드디어 하나님의 때가 돼 하나님이 응답하셨다. "내 영혼아 네가 어찌하여 낙심하며 어찌하여 내 속에서 불안해하는가 너는 하나님께 소망을 두라…"(시 42:5). 기도 응답을 끝까지 기다리며 하나님께 소망을 둔 믿음에 하나님이 기도 응답을 주신 것이다. 이렇게 하나님의 응답은 일반적으로 오랜 시간이 걸린다. 내게도 하나님이 응답을 주시고도 이뤄 주시지 않은 기도제목이 있다. 우리는 하나님이 기도제목에 응답을 주시고도, 곧바로 이뤄 주시지 않는 기도제목들이 있다는 것을 알아야 한다. 그러므로 기독교의 믿음은 응답이 이뤄지기를 기다리는 인내의 믿음이다.

『떠나는 마귀 돕는 천사』를 끝내면서 하나님의 말씀을 인용하고 싶다.

"그러나 여호와께서 기다리시나니 이는 너희에게 은혜를 베풀려 하심이요 일어나시리니 이는 너희를 긍휼히 여기려 하심이라 대저 여호와는 정의의 하나님이시라 그를 기다리는 자마다 복이 있도다"(사 30:18).

"내가 여호와를 기다리고 기다렸더니 귀를 기울이사 나의 부르짖음을 들으셨도다"(시 40:1).

할렐루야!

아멘.